여자, 실수에서 배우다

여자,
2030 여자들의 실용백서
실수에서
배우다

피오나 지음

무한

Prologue

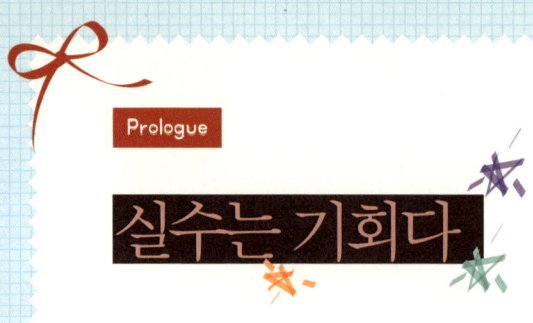
실수는 기회다

'아! 조금만 참을 걸, 괜히 말했어.'
'오늘까지가 세일인데…….'
'코 수술을 할 걸 그랬어.'
'그때 그 남자랑 결혼할 걸…….'
'짬뽕이 아니라 자장면 먹을 걸…….'

우리는 하루에도 열두 번 후회하고 크든 작든 실수를 한다.

왜 내가 원하지 않는 일은 일어나고, 원하는 일은 일어나지 않을까? 정말 궁금하다. 곰곰이 생각해보면 세상에 '실수'라는 것은 없다. 우리가 실수라고 말하는 것은 '원하지 않는 결과'일 뿐 필연적 결과다.

흔한 예로 우리는 지각을 하고 '실수했다'고 생각한다. 그러나 지각은 실수가 아니다. 늦잠을 잤다면 지각은 당연한 일이다. 물론 내가 컨트롤할 수 없는 이유도 있다. 차가 막혀서 지각할 수도 있다. 그러나 분명히 '차가 막혔다'는 원인이 있었기 때문에 지각을 한 것이다. 모든 것이 제 시간에 올 수 있는 조건이었다면 지각이란 결과는 나오지 않았을 것이다.

그렇다면 우리는 실수를 외면하거나 일어나지 않았어야 할 일이라고 부정할 것이 아니라 하나의 '결과'로 생각해보고 왜 실수를 하게 되었는지

돌아볼 필요가 있다.

　대부분은 자신의 잘못된 믿음에서 나오는 경우가 많다. 늑장을 부리는 사람은 '이 정도면 충분해. 준비하고 나갈 수 있어'라는 생각을 하기 때문에 항상 아슬아슬하다. 스스로 '이 정도면 충분해'라는 생각을 바꾸지 않으면 같은 실수는 반복될 것이다.

　연애를 할 때도 마찬가지다. 왜 항상 나쁜 남자에게 빠지는가? 원인을 알지 못하면 늘 같은 실수만 반복하게 된다.

　어떻게 보면 '이 일은 실수다'라고 생각하는 것부터가 잘못된 믿음이다. 실수는 '원하지 않는 결과이고, 일어날 일이 일어났을 뿐이다'라고 본다면 한 번 한 실수는 기회가 된다. 실수는 하나의 '결과'이기 때문에 그것을 활용하는 사람에게는 기회가 되지만 그렇지 못한 사람에게는 패배감으로만 다가갈 것이다.

　이 책에서는 여자들이 흔히 저지르기 쉬운 실수를 남자, 연애, 결혼, 외모, 커뮤니케이션, 생활, 직장 총 7가지 측면에서 다루었다. 부디 이 책이 인생에서 실수가 '패배감'으로 끝나지 않고 또 하나의 '기회'를 만드는 데 도움이 되길 바란다.

피오나

Contents

Prologue 실수는 기회다 … 4

Chapter 01 남자

남자를 변화시킬 수 있다고 믿는 여자 … 12
남자는 섹스에만 관심이 있다고 믿는 여자 … 18
남자는 감정 표현이 서툴다고 믿는 여자 … 24

Solution
언제나 남자는 필요하다 … 30

Chapter 02 연애

첫 만남을 소홀히 하는 여자 … 36
소울메이트에 집착하는 여자 … 43
연애를 분석하고 해석하려는 여자 … 48
내 조건이 나름 괜찮다고 생각하는 여자 … 54
날 어떻게 생각하냐는 말에 기대하는 여자 … 60

Solution
연애에도 목적이 있고 입장이 있다 … 66

Chapter 03 결혼

결혼식이 나만을 위한 것이라고 믿는 여자	72
시댁은 무조건 적이라고 믿는 여자	78
결혼하면 자유가 박탈된다고 믿는 여자	84
가사를 반반씩 부담해야 한다고 믿는 여자	90
결혼 후 이성 친구가 있을 수 있다고 믿는 여자	96
부모님이 반대하는 결혼은 안 좋다고 믿는 여자	102

Solution
결혼에도 양면이 존재한다 · 107

Chapter 04 외모

꾸미면 누구에게도 뒤지지 않는다고 믿는 여자	114
화장을 잘해야 한다며 화장품만 사는 여자	120
성형수술 효과가 크다고 믿는 여자	126
개성 있는 패션에 목숨 거는 여자	132
다이어트 성과를 kg으로만 보는 여자	137
어울린다는 말에 갇혀 있는 여자	142

Solution
남녀노소에게 두루두루 먹히는 건 청순미 · 148

Chapter 05 커뮤니케이션

말끝마다 왜, 라고 묻는 여자	156
맞장구치지 못하는 여자	161
모든 걸 대화로 풀어야 한다고 믿는 여자	166
목소리가 크면 이긴다고 믿는 여자	172
박학다식함을 아무 때나 드러내는 여자	177

Solution
음표와 쉼표의 조화를 적절히 활용한다 — 182

Chapter 06 생활

해외여행을 자주 다니는 여자	188
청소나 정리정돈을 게을리하는 여자	194
한 가지 요리도 못하는 여자	200
미인은 늦는 거라고 믿는 여자	205
돈에 관심이 없는 게 순수하다고 믿는 여자	210

Solution
생활은 균형과 규칙이 필요하다 — 216

Chapter 07 회사

회사 다니는 것이 할 수 있는 일의 전부라고 믿는 여자	222
비정규직은 굴욕적이라고 믿는 여자	227
차 심부름은 부당하다고 믿는 여자	233
회사 평가에 목숨 거는 여자	239
뒷담화 때문에 곤란해지는 여자	245
아부보다는 실력으로 인정받겠다는 여자	251

Solution

당신은 이미 성공한 사람입니다	256

Chapter 01

남자

Gallery

Chapter 01

남자를 변화시킬 수 있다고 믿는 여자

 남자는 세상을 움직이지만 남자를 움직이는 건 여자라고 합니다. 그리고 '남자는 여자 하기 나름'이라는 말은 얼마나 자주 주변에서 듣는 얘기인가요. 이런 말을 듣다 보면 여자들에게 남자를 움직이는 내재된 능력이 있는 것 같고 또 나 자신도 그런 능력을 갖고 있는 것 같습니다. 한편으로는 남자는 여자에게 약하니까 말을 잘 들을 것 같다는 생각도 듭니다.

 과연 남자를 여자가 변화시킬 수 있을까요? 그렇다면 평생 아버지가 담배를 안 끊는다고 잔소리를 하는 어머니는 왜 아버지의 금연을 성공시키지 못했을까요?

S.O.S

정연진 (30대 초반, 결혼 6개월차)

저는 결혼 6개월차로 신혼입니다.
제 신념은 연애 시절부터 '남자는 여자 하기 나름이다' 입니다.
결혼 전 남편은 제 말이라면 죽는 시늉까지 했습니다.
만나자마자 담배 피우는 게 싫다고 하니까 금연을 약속했고
정말로 딱 끊었어요.
그 외에도 먹고 싶다는 것, 가고 싶다는 곳, 사고 싶다는 것은
대부분 잘 사주고 들어주었습니다.
그런데 결혼 후 날벼락 같은 일이 벌어졌습니다.
사실 그동안 금연에 성공한 것이 아니었습니다.
와이셔츠에서 담배 냄새가 스멀스멀 나고,
주머니에 담뱃재 같은 것이 떨어져있어 다그쳐 물어보니
담배를 끊었던 것이 아니라 싫어하니까
내 앞에서만 안 피우도록 노력했다는 것이라고 합니다.
거짓말하는 남편도 밉지만 남자를 고칠 수 있다고 생각했던
제 믿음이 잘못된 것이었을까요?
남자는 여자 하기 나름이라는데, 저는 왜 남편을 변화시킬 수 없었을까요?
아니면 원래 남자는 여자 하기 나름이라는 말이 잘못된 걸까요?

'남자는 여자 하기 나름'이란 말을 들으면 여자가 남자를 움직이는 건 참 쉬운 일처럼 느껴집니다. 특히 이 말은 당대 최고의 스타였던 최진실 씨가 CF에서 말하면서 더더욱 히트했습니다. 그리고 최진실 씨 같은 여자라면 어떤 남자라도 움직일 수 있겠다는 생각을 심어준 것도 사실입니다.

이 말은 단순히 모든 여자가 남자를 움직일 수 있다는, 즉 여자라는 그 자체로 남자를 움직인다는 말은 아닙니다. '여자 하기 나름'이라는 조건이 붙습니다. 뛰어난 미모를 가지고 있거나 애간장을 녹이는 고도의 애교를 떠는 특별한 여자가 남자를 움직인다는 의미가 된다고 착각합니다.

그런데 우리는 근본적으로 중요한 사실을 놓치고 있습니다. 기본적으로 남의 마음을 움직이거나 라이프스타일을 고치는 것은 매우 어렵습니다. 오죽하면 '자식도 겉을 낳았지 속을 낳은 건 아니다'라는 말이 있겠습니까? 이 말은 내 속으로 낳은 자식도 마음대로 안 된다는 것을 뜻합니다.

앞서 결혼한 연진 씨의 이야기를 예로 들었지만 싱글의 경우도 마찬가지입니다. 나쁜 남자에게 끌려 연애를 시작할 무렵, 사랑으로 이 사람의 나쁜 점을 고쳐주어야지 하고 여자는 다짐합니다. 하지만 눈물 콧물 다 흘리고 몇 번의 이별 연습 끝에야 깨닫게 됩니다. 아! 내가 큰 착각을 했구나, 라고 누구나 남의 생각으로 움직이는 것이 아니라 자신의 생각과 판단으로 움직입니다. 아무리 좋고 옳은 것이라고 하더라도 자신의 결심이 서지 않으면 실천하기 어렵습니다. 따라서 남편이 담배를 완전히 끊었다면 연진 씨의 잔소리가 그 역할을 했다기보다는 남자가 끊으려고 했던 의지가 더해졌다고 봐야 합니다. 이 사연에서는 금연을 성공하지 못했지만요. 그럼에도 불구하고 남자가 변하지 않은 이유를 나 자신에게서 원인을 찾으려고 하니 답이 안 나오는 것은 당연합니다.

이런 예는 주변에 많습니다. 시집을 가서 그 집안이 잘되면 '며느리가 잘 들어왔다'고 하고, 반대로 집안이 망하면 '사람을 잘못 들였다'고 합니다. 이것이 정말 며느리의 탓일까요? 그런 여자를 선택한 집안 자체의 문제일 수도 있는 것입니다. 이렇듯 여자에게 책임을 전가하는 얘기들이 참 많이 있습니다. 어떤 시어머니들은 자신도 못 고친 아들의 단점을 며느리가 고치기를 바라기도 합니다. 그리고 결혼하고 남자가 긍정적으로 변하면 '거봐, 남자는 여자 하기 나름이지'라고 이야기합니다.

근본적으로 사람을 바꾼다는 것은 어렵습니다. 나쁜 습관을 고쳐주는 일은 더욱 어렵습니다. 그런데 종종 이런 사실을 잊거나 무시하는 것 같습니다. 만약에 사람을 바꾸는 것이 쉬웠다면 부모들은 아이들의 양육방법에 대해 고민하지도 않았을 것이고, 선생님들도 고민 없이 아이들에게 많은 것을 가르칠 수 있을 것입니다. 그럼에도 불구하고 '남자는 여자 하기 나름'이란 그럴 듯한 말이 많은 여자들에게 엉뚱한 자신감을 주고 혹은 그 엉뚱한 자신감에서 오는 실망감을 주는 것이 아닐까 모르겠습니다.

여자가 남자에게 담배를 끊었으면 좋겠다고 말하고, 남자는 그렇게 하겠다고 대답했습니다. 그런데 남자가 담배를 끊지 못하면 여자는 이렇게 말합니다.

"날 사랑한다면서 담배 하나도 못 끊어? 내가 담배보다 못한 존재야?"

이때 여자는 자신이 남자 하나 제대로 컨트롤하지 못한다는 자괴감에 빠지고, 또 상대방이 자신의 말을 지켜주지 않아 애정이 없다는 부정적인 생각에 빠지게 됩니다. 남의 라이프스타일을 바꾸는 것은 어렵습니다. 조언해 줄 수는 있지만 상대방이 그대로 따라주지 않았다고 해서 나 또는 그가 잘못된 것은 아닙니다.

원래 사람은 스스로 깨닫지 않는 한 변하기 어렵습니다. 그래서 상대방을 움직이기 위해 '폭력'도 사용하게 되지요. 학교에서 아이들에 대한 '체벌'에 대해 논란이 많았던 것도 이런 이유라고 봅니다. 아이들을 원하는 대로(좋은 방향으로) 이끌고 나가려고 하는데 잘 안 되니까 강제적인 방법을 쓰는 것이지요.

상대적으로 남자가 여자를 변화시키는 것이, 여자가 남자를 변화시키기보다 쉽습니다. 그래서 남자보다 비교적 힘도 약하고 사회적 지위도 낮은 여자가 남자를 변화시키는 데는 지혜와 특별한 기술이 필요한 것처럼 인식되는 것 같습니다. 그러나 세상에는 남자를 쉽게 움직일 수 있는 기술 따위는 없습니다. 오로지 남자가 자신의 의지로 개선해야겠다고 느낄 때 변화될 수 있습니다.

가장 쉬운 방법은 '긍정적 피드백'을 주는 것입니다. 담배를 끊으라고 강요하는 것이 아니라 끊기를 기다리는 것도 하나의 긍정적인 피드백입니다. 남자는 '여자 하기 나름'이 아니라 '자기 하기 나름'입니다.

Chapter 01

남자는 섹스에만 관심이 있다고 믿는 여자

    여자와 남자는 성을 바라보는 시각이 다릅니다. 극단적으로는 '여자는 로맨스를 중요하게 생각하지만, 남자는 섹스 그 자체를 중요하게 생각하고 여자에게 기대하는 것도 오로지 섹스뿐이다'라는 말도 있습니다. 새로운 여자친구와 데이트할 때도 언제쯤 섹스를 할 수 있을지가 초미의 관심사이고, 여자 연예인들을 볼 때도 상상 속 섹스 대상으로 연상시켜 생각한다고 합니다. 특히 인생에서 섹스가 중요하다고 생각하는 일부 남자들은 섹스를 하기 위해 결혼한다고 얘기합니다. 정말 남자들은 섹스에만 관심이 있는 것일까요?

S.O.S

홍은정(20대 후반, 예비 신부)

결혼을 앞두고 있는데, 고민이 많아요.
남자들은 섹스에 관심이 많다고 하는데
아직 남자친구와 섹스를 하지 않았거든요.
혹시 남자의 성기능에 문제가 있는 것이 아니냐는
친구들의 조언도 있고 결혼해서 문제라도 생길까 봐 겁이 납니다.
남자들에게 섹스란 도대체 얼마나 중요한 거고
여자들하고는 어떻게 다를까요?

여자들에게는 오랜 세월 들어온 말이 있습니다.

'남자는 섹스를 좋아한다.'

'남자는 열 여자 마다하지 않는다.'

'남자는 치마만 두르면 좋아한다.'

속궁합에 대해서도 얘기하지요. 절대로 안 어울려 보이는 커플을 보면 '속궁합'이 좋아서 그렇다는 말도 합니다. 그래서 여자들은 남자가 자신과의 '섹스'에 만족스럽다면 절대로 헤어지지 않을 것이라고 생각하고 또 '섹스'에 대한 욕망 때문에 열 여자를 마다하지 않아 순간 실수는 해도 결국 자신에게 돌아올 것이라고 합리화합니다. 그래서 섹스로 남자를 묶어둘 수 있다고 착각하는 여자분들도 있습니다.

남자가 여자보다 성욕이 강할 수 있습니다. 실제로도 그렇다고 하지요. 그렇다고 남자가 24시간 성욕을 느낀다는 것과는 다른 얘기입니다.

조금 이해하기 쉽게 '식욕'으로 바꾸어서 얘기해보도록 하겠습니다. 식욕이 강한 사람이 있고 그렇지 않은 사람이 있습니다. 식욕이 강한 사람이라면 조금 더 맛있는 것을 먹고, 많이 자주 먹을 것입니다. 그렇다고 식욕이 약한 사람이 전혀 안 먹는 것은 아닙니다. 기본적으로 하루 세 끼를 조금씩 적당히 먹을 것입니다.

    여기서 식욕이 강한 사람을 생각해봅시다. 병적인 식욕이 아니라면 24시간 먹는 행위만 하지 않을 것입니다. 식사 시간을 만들기 위해 노력할 것이고, 먹을 것을 많이 사겠지만 그 사이 사이에는 분명 일상적인 활동을 할 것입니다. 일을 하고 가족들과 시간을 보내고 취미 생활을 할 것입니다. 물론 식사 시간은 아주 즐거울 것입니다.

    그렇다고 해서 어떤 특정 음식에 대해 먹지 못했다고 못 잊을 만큼 안타까운 마음을 갖지는 않을 것입니다. 아무리 식욕이 강한 사람이라도 못 잊을 음식이 되려면 추억이 필요합니다. 몇 시간 운전해서 어렵게 찾아가 먹은 음식이라든가, 사랑하는 연인과 먹은 음식이라든가 혹은 실연 후 눈물을 흘리며 먹었던 음식이라든가, 누구 결혼식에서 먹었던 음식이라든가. 아무런 추억 없이 맛만으로 기억되는 것은 그 사람에게 평범한 음식밖에 되지 않을 것입니다.

    남자에게 섹스도 이와 비슷한 면이 있습니다. 물론 남자가 섹스를 좋아하고 어떤 여자랑 자도 만족도가 높을 수 있습니다. 그러나 이것은 식욕이 강한 사람이 원하는 음식을 먹었을 때와 같은 원리일 수 있습니다. 맛있게 만족스럽게 먹었지만 식사가 끝나고 나면 금방 잊어버릴 것입니다.

정말 잊히기 어려운 애틋한 음식이 되기 위해서는 추억이 필요하듯이 스스로 가치 있는 여자가 되기 위해서는 '섹스' 그 자체만으로는 어렵습니다. 섹스를 하는 순간에 만족을 줄 수는 있어도 그 만족 자체로 그 사람에게 소중한 사람이 되기는 어렵습니다. 왜냐면 추억을 만들지 않았기 때문이지요.

반대로 남자친구 혹은 남편이 자신과의 섹스에 만족을 못하는 것 같다고 걱정하는 여자분들도 있습니다. 그러나 이 걱정도 할 필요가 없습니다. 앞에서도 말했지만 '섹스'만으로 사랑이 완성되는 것은 아닙니다. 남녀관계는 좀 더 복잡하고 알 수 없는 코드들이 전류처럼 흐르고 있기 때문입니다.

'섹스'는 연애의 감정에서 오는 표현의 일부입니다. 그 일부가 크기도 하고 작기도 한 것입니다.

'남자들에게 섹스는 전부다'라고 오해해서 여자가 섹스에 의미를 크게 두고 집착하는 경우도 있습니다. 그러나 이것은 여자들의 착각입니다. 정말로 남자들에게 섹스가 전부였다면 남자들은 결혼을 하지 않고 평생 아무 여자하고나 섹스를 했을 것입니다. 그리고 '성범죄 법'을 만드는 것에도 동의하지 않았을 것입니다. 그러나 남자들 자신도 '섹스에 지나치게 집착하는 것은 비정상적이다'라는 것을 알고 있습니다. 보통의 남자들이 자신을 충분히 컨트롤할 수 있으니까요.

실제 남자의 성기능에 문제가 있는 소수의 경우도 전혀 배재할 수는 없겠지요. 하지만 남자가 섹스만이 목적이 아니라 진지한 관계를 생각한다면 섹스는 당연히 늦어질 것이고 어느 정도 관계 구축이 된 후에 섹스는 진행될 것입니다. 하지만 이것만 보아도 남자들이 섹스만 좋아하는 것이 아니라는 것을 알 수 있지 않을까요?

Chapter 01

남자는 감정 표현이 서툴다고 믿는 여자

　일반적으로 남자보다 여자가 감수성이 풍부하기 때문에 감정 표현을 잘 한다고 생각합니다. 주변 커플들을 둘러봐도 그렇고, 저 역시도 그런 연애를 많이 한 것 같습니다. 물론 어떤 커플은 오히려 남자친구가 애교가 많거나 애정 표현을 잘하는 경우도 있지만 대부분의 경우는 아닌 것 같습니다. 정말 남자는 마음이 커도 감정 표현이 서툴고, 잘 못할까요?

S.O.S

김노연(20대 중반, 연애 1년차)

사귄 지 1년이 된 남자친구가 있습니다.
딱 하나 불만이 있다면 남자친구가 표현을 잘 하지 않는다는 것입니다.
처음 사귀었을 때도 오글거리는 말은 안 했습니다.
친구처럼 지내다 자연스레 사귀는 사이가 되었고
밥 먹고 차 마시는 데이트가 전부였습니다.
그런데 이젠 늘늘 인내심의 한계가 옵니다.
생일에도 '생일 축하한다' 라는 말 한번 못 들어봤고,
'사랑한다' 는 말도 한 번도 들어본 적이 없습니다.
남자는 감정 표현이 서툴다고 하는데
이런 말이 없는 남자를 이해해야 하는 걸까요?

긴급처방

'원래 남자는 무뚝뚝한 게 진국이야'라는 말이 있습니다. '말만 번지르르하게 하는 남자는 실속 없다'는 뜻으로 쓰이는 말입니다. 그렇다면 정말로 여자에게 감정 표현을 전혀 안 하는 남자가 좋은 남자일까요?

'남녀평등'처럼 무조건 남녀를 똑같이 보고 대하는 것도 문제가 있지만, 남자와 여자는 무조건 다르다고 보는 것도 문제가 있습니다.

대부분의 남자는 여자보다 말수가 적고 표현을 잘 하지 않습니다. 많은 학자들이 이런 차이가 유전적으로 있는 것인지 아니면 사회적으로 길러진 성격인지 분석하려고 노력했습니다. 결과적으로 남자와 여자의 차이는 유전적인 것과 사회적인 것 두 가지가 다 영향을 미친다고 합니다.

하지만 여자와 남자가 같은 상황에서 완전히 상반된 감정을 느낀다면 남자와 여자는 같이 영화를 보고 울거나 웃을 수 없을 것입니다. 분명히 모든 인간들이 공통적으로 감동하고 웃을 수 있는 감정적인 부분이 있는 것입니다.

이런 공통적인 감정이 있다고 생각하면 그 다음부터는 좀 이해하기 빠를 것 같습니다. 남자들도 사랑을 느끼고 표현합니다. 여자보다는 적게 표현할 수 있어도 아주 표현하지 않는 것은 아닙니다. 그렇다면 감정 표현이 서툰 남자는 과연 누구에게 감정 표현을 할까요? 아주 적은 범위의 사람에 대해서일 것입니다.

그러므로 남자가 감정 표현이 서툴러서 안 할 것이라는 단정은 짓지 마세요. 어쩌면 다른 여자에게는 감정 표현을 하는 사람이 나에게만 안 할 수도 있습니다. 그래서 만약 그런 남자가 다른 여자가 생겼다고 하면, 대부분의 여자들은 감정 표현이 서툰 내 남자가 그랬을 리가 없다고 생각합니다. 상대 여자가 먼저 내 남자에게 꼬리를 친 게 틀림없다고 의심합니다. 하지만 내 남자에게 나도 몰랐던, 나에게는 보여주지 않았던 면이 있을 가능성이 높습니다.

한 커플이 있었습니다. 여자는 남자에게 꽃을 한번 받아보는 것이 소원이었습니다. 그러나 남자는 꽃은 실속 있는 것이 아니라며 차라리 콩나물이 낫지 않냐는 농담을 하곤 했습니다. 남자의 그 말이 일리는 있어 보였고 내 남자는 감정 표현이 좀 서투르구나 하고 생각했습니다. 그렇게 무미건조하게 지내다 헤어진 뒤, 그 여자는 우연히 길거리에서 그 남자가 다른 여자에게 꽃을 사주는 광경을 목격하게 되었다고 합니다.

자신에게는 꽃보다 콩나물이 낫다고 했던 남자가 다른 여자에게는 꽃을 사주고 있었던 것이지요. 남자는 감정 표현이 서툴렀던 것이 아니라 그 여자에게 감정 표현을 안 했던 것이라고 볼 수 있습니다.

　남자는 여자의 마음을 얻기 위해 적극적으로 표현하고, 구애해야 한다는 것을 너무나도 잘 알고 있습니다. 여자의 내면을 섬세하게 그려낸 소설과 영화도 대부분은 남자가 쓰고 남자가 만들고 있습니다. 그런 것만 봐도 남자들이 감정 표현이 서툴거나 여자들의 감정을 모른다고 단정 짓기는 어렵다고 봅니다. 오히려 내 여자가 원하고 있다는 것은 알지만 무시하고 있거나, 감정 표현을 일부러 자제할 확률도 있는 것이지요.

　그러므로 무조건 감정 표현이 없는 남자를 긍정적으로만 생각하기보다는 한번 의문을 가져보아야 합니다. 특히 애인 사이에서는 남자의 감정 표현이 중요한 역할을 합니다. 친구 사이에서 연인이 되려고 해도 남자의 감정 표현이 필요하고, 연인에서 결혼을 하려고 해도 감정 표현이 필요합니다. 달달한 멘트가 아니더라도 어느 정도는 여자의 마음을 안정시키고 움직일 수 있는 표현을 해야만 합니다. 그런데 이런 표현이 없는 남자라면 감정 표현이 서툴러서라기보다는 여자와의 관계 진척을 바라지 않는다고 볼 수도 있습니다.

서툴지만 노력해서 감정을 표현하려는 남자와 '난 여자한테 한 번도 사랑한다고 말한 적 없어'하고 못 박아 버리는 남자가 있다면 실제 성격은 어떨지 모르지만, 나에게 애정이 있는 남자는 전자라고 보는 것이 맞습니다.

내 남자가 감정 표현이 서툴지도 모릅니다. 그렇지만 서툴러도 좋아하는 여자에게는 어떻게든 좋은 모습을 보이기 위해 노력합니다. '모든 남자는 감정 표현이 서투르고 무뚝뚝하다'고 치부해버리는 것도 남자의 감성을 무시하는 실수입니다.

Solution

언제나 남자는 필요하다

우리는 남녀에 대해서 아주 상반된 두 가지 이야기를 들어왔습니다. '완전한 사회적 남녀평등'을 만들기 위해 노력하면서도 《화성에서 온 남자 금성에서 온 여자》에서 주장하는 것처럼 '남자와 여자는 원래 아주 다르다'고 말합니다. 심지어 뇌구조가 다르다고 합니다. 그래서 남녀는 다른 일을 하고 다른 생각을 하고 다른 감정을 갖고 있다고 합니다.

하지만 이론적으로는 이해하고 있어도 실제 생활에서는 어떻게 남자를 대할 것인지 고민할 때가 많습니다. 학교 다닐 때는 공부한 만큼 공평하게 점수로 평가받았고, 입사할 때도 입사 시험과 면접 등으로 남자와 같은 대우를 받습니다. 그런데 이것만으로 일상생활을 전부 설명하기는 어렵습니다. 남자는 단순히 일 상대만이 아니라 연애의 대상이 됩니다. 남자와 편한 '친구'로 머무를 수도 있지만 '연인'으로 발전되기도 합니다.

마찬가지로 회사에서는 '동료'일 수도 있지만 '연인'이 되거나 '결혼 상대자'가 될 수도 있습니다. 그렇기 때문에 무조건 남녀가 똑같다고 말하기는 어렵습니다. 또한 오늘은 친구였던 남자가 내일 연인이 될 수도 있기 때문에 무조건 여자를 대하듯 똑같이 남자를 대하는 것이 답은 아니라는 것만 막연히 알 수 있습니다.

흔한 말로 세상의 반은 남자라고 합니다. 그런데 이 말은 맞기도 하고 틀리기도 한 말입니다. 왜냐하면 실제로 여자가 생활하는 데 있어서 깊은 관계를 맺고 자주 대하는 사람의 성비가 남녀 정확히 반반이 아니기 때문이지요. 어떻게 보면 자주 보고 대하는 사람은 여자들이 많을 확률이 높습니다. 그래서 우리는 주변에 남자가 없어서, 괜찮은 남자가 없어서, 남자를 대한 적이 없어서 잘 모른다고 합니다.

그러나 우리의 인생에 있어서 '남자'는 중요한 존재입니다. 특히 가장 큰 존재는 '남편'이겠지요. 예전에는 남존여비 사상이라고 해서 남자를 떠받드는 문화가 있었고 실제로도 남자에 의해 여자들의 운명이 좌우되기도 했습니다. 오죽하면 여자는 뒤웅박 팔자라고 했을까요.

그래서인지 사회가 바뀌면서 아예 이 반대의 상황을 많이 얘기하게 된 것 같습니다. 예를 들면 '여자는 경제력이 있으면 결혼 안 해도 된다', 즉 '남자가 인생에 꼭 필요하지는 않다'라는 식으로 말입니다.

그렇다면 남자가 필요한 진짜 이유가 단순히 여자가 경제적 능력이 없어서 먹고 살기 어려웠기 때문일까요? 경제적인 능력이 있는 여자에게는 과연 남자가 필요 없는 존재일까요? 이런 시각은 오히려 경제적 능력만으로 남녀관계를 보는 편협한 시각일 수 있습니다. 원래 남녀가 존재하는 목적은 생존 때문입니다. 남녀가 결합하여 종족을 번식시키고 대를 이어나

가고 나아가서는 인류를 존속시킵니다.

그런 과정에서 예전에는 남자가 처자식을 먹여 살리기 위해 가정 경제를 책임졌고 그게 일생 동안 계속되어 마치 남자가 돈 버는 목적 때문에 존재하는 것처럼 보였습니다. 또 여자들은 생존을 위해 '돈'에 가치를 두다 보니 경제적 능력으로만 남자를 평가하기도 했습니다. 그러나 이건 어디까지나 표면적인 모습일 뿐입니다. 남자와 여자는 생존을 위해 서로를 필요로 합니다. 그 결합이 조화롭고 서로에게 도움이 되지만 때로는 서로에게 해를 주거나 상처를 주기도 합니다. 모든 시스템이나 도구에는 단점이 있기 마련입니다.

그 단점 때문에 그 시스템과 도구 자체를 부정하는 것은 올바른 자세가 아닙니다. 여자에게 경제력 능력만 있다면 남자가 필요하지 않다는 것은 남녀 존재에 대한 근본적인 이유를 고려하지 않는 것입니다.

이제는 기계적 평등을 얘기하는 '남녀평등'도 낡은 개념입니다. 서로 다른 남녀가 각기 역할을 하는 '남녀조화'란 개념으로 생각해볼 수 있지 않을까요? 인생에는 남자의 역할이 필요한 순간이 꼭 있습니다.

인적이 드문 밤길을 여자 혼자 걸어가는 것보다는 남자의 도움을 받는 일이 훨씬 더 현명할 수 있습니다. 마음이 있는 여자가 곤경에 처했을 때

더욱 잘 도와주려고 하겠지만, 보통 남자의 경우 자신보다 연약한 상대를 보호해야 한다는 본능도 있기 때문입니다. 결혼 후, 혼자 해외여행을 갔다가 수트케이스에 문제가 생겨 어떤 한국 남자의 도움을 받았습니다. 그분은 큰 도움만 주고 어떤 개인적인 질문도 없이 자리를 떴습니다.

그때 생각했던 것이 '남자'를 '남편'으로만 좁혀 보면서 살았구나, 라는 것이었습니다. 여자와 남자가 연인이 되거나 결혼하여 서로가 특별한 관계로서 도움을 주고받을 수 있지만, 이렇게 낯선 타인이지만 남자라는 이유만으로 여자에게 도움을 줄 수 있다는 것을 느끼게 되자 '남자'라는 존재는 늘 필요한 존재라는 생각이 들었습니다. 그뿐만이 아니라 그 후에도 여러 곳에서 낯모르는 남자의 가벼운 도움을 받으면서 그 동안 내가 기억하지 못하지만 많은 남자들의 도움을 받았다는 것을 깨달았습니다.

'인생은 혼자 사는 게 아니다'라는 말은 인류가 서로 돕고 살아야 한다는 큰 의미가 될 수 있는 것처럼 남녀도 적대적 관계나 서로 불필요한 관계가 아니라 인류가 존속하기 위해 서로 협력하는 관계일 수 있다는 것을 잊지 않았으면 좋겠습니다. 그래서 남자는 감정 표현이 서투르고 섬세하지 못하다고 비난할 것이 아니라 남자가 장점을 이해하고 나에게 없는 것을 도움받을 수 있는 현명함이 있다면 훨씬 더 풍요로운 인생이 될 것입니다.

Chapter 02

연애

Chapter 02

첫 만남을 소홀히 하는 여자

　남자를 처음 소개받는 자리라면 어떻게 하고 나가는 것이 가장 좋을까요? 당연히 평소보다 옷차림과 화장에 더욱 신경을 쓰고 나간다고 생각할 것입니다. TV나 잡지에서도 '모든 남자를 홀딱 반하게 하는 소개팅 전략'이라는 제목의 기사를 심심치 않게 봅니다. 물론 옷차림과 화장뿐만이 아닙니다. 첫 만남에서 이런 대화의 주제는 피해라, 너무 오래 앉아 있지 마라 등등 에티켓과 태도에 대한 얘기도 있지요.

　이런 기사를 읽다 보면 그렇다고 내 본연의 모습이 바뀌는 것도 아닌데 너무 무리하게 꾸미는 것이 아닌가 하는 생각도 듭니다. 망설이다가 '그래, 내 본 모습을 솔직하게 보여주자!'라는 마음으로 단정한 정도로만 꾸미고 대화도 꾸밈없이 해야겠다고 마음먹었습니다. 옳은 선택일까요?

S.O.S

이나라 (30대 중반, 모태 솔로)

대학교 때 대시를 받은 적도 있고, 소개팅도 몇 번 해보았지만
여태껏 제대로 사귀어본 적은 없습니다.
남자가 정말 절세미인을 찾는 경우가 아니라면
저 정도의 무난한 외모면 문제가 될 만한 것이 없는데도 말이죠.
단, '여자의 내숭은 거짓'이란 생각이 들어 내숭은 잘 못 떱니다.
그런데 친구의 말로는 남자를 처음 만날 때 최선을 다해야 한다는 것입니다.
그래서 저는 첫 만남에서 너무 좋은 인상을 주면
다음에 만나서 실망하면 어떻게 하냐고 반문했습니다.
그래도 친구는 그게 '첫인상 효과'라며 주장을 굽히지 않았습니다.
좋은 첫인상을 위해 정말 필사적으로 노력해야 되나요?

남자를 만날 기회가 없는 것도 아닌데 왜 남자친구가 생기지 않을까 고민하는 분들이 많은 것 같습니다. 남자친구를 만들려면 먼저 남자를 만날 수 있는 기회가 많아야 합니다. 그 기회는 여러 가지가 있을 수 있습니다. 소개팅, 온라인 매칭 사이트, 결혼정보회사, 선 등등이 있겠지요.

그런데 이런 계기를 통해서 꼭 거쳐야 하는 것이 바로 '첫 만남'입니다. 첫 만남 없이는 연애가 성립되지 않습니다. 그리고 많은 만남들이 첫 만남만으로 끝나는 경우가 많으므로 첫 만남에서 두 번째 만남으로 이어지기 위해서는 매력적으로 보여야 합니다. 특히 여자들은 첫 만남 후에 '애프터'에 민감합니다.

첫 만남에서 유의할 점을 몇 가지 짚어보도록 하겠습니다.

첫째, 외모

일단 외모는 아무리 강조해도 지나치지 않습니다. 백문이 불여일견이라고 아무리 주선자에게 좋은 말을 들었고 매칭 사이트 프로필에서 좋은 내용을 봤다고 하더라도 만나서 한 번에 훅 가는 경우는 참 많습니다.

이것은 여자뿐만 아니라 남자도 마찬가지입니다. 따라서 외모의 상태는 아주 중요합니다. 그러나 비싼 옷을 사 입고, 아침에 미장원을 가서 머리를 하고 화장을 한다고 180도 바뀌는 것이 아니기 때문에 평소 관리가 중요합니다. 다이어트도 해야 하고, 피부도 좋아야 하고, 머릿결도 찰랑거려야 합니다. 김연아 선수가 평소에 다이어트도 안 하고 외모 관리도 안 하고 있다가 경기 나갈 때만 예쁘게 꾸미고 나가는 것이 아닌 것처럼 평소 외모 관리가 중요합니다.

둘째, 시간

첫 만남에서는 너무 오래 같이 있으면 좋지 않습니다. 최대가 5시간입니다. 흔히 하는 실수가 마음에 들면 2차, 3차까지 가는 경우가 있는데 첫 만남에서 오랜 시간을 함께 보낼 필요가 없습니다. 정확히 남자의 마음을 모르는 상태에서 2차, 3차로 진행될 경우 원치 않는 스킨십이 진행될 위험도 있습니다.

아무리 짧은 시간을 보냈어도 남자가 마음에 들면 다시 만나자고 연락이 옵니다. 심지어 얼굴만 보고 몇 마디 안 나누었어도 연락이 옵니다. 아무래도 시간이 길어지면 좋은 이미지보다는 나쁜 이미지까지 함께 보이게 됩니다. 따라서 첫 만남에서 너무 오랜 시간 함께 하지 않는 것이 좋습니다.

셋째, 비용

보통 1차는 차를 먹든 밥을 먹든 남자가 냅니다. 이것마저 남자가 더치페이를 하자고 하면 조용히 돈을 내고 집으로 오세요. 돈의 문제가 아니라 남자가 당신이 마음에 안 들었다는 뜻이 되는 것이니까요.

문제는 그놈의 2차 '커피값'이 문제입니다. 일부 남자들은 센스 있게 커피값은 여자가 내야 한다고 주장하니까요. 여기에서 가장 중요한 것은 먼저 '제가 커피 살 테니 2차 갈까요?'라고 하지 말아야 된다는 점입니다. 남자가 먼저 2차로 커피를 마시러 가자고 할 때 그때 응해주세요. 물론 그것도 싫다면 적당한 핑계를 대고 2차를 가지 마세요. 남자가 커피를 마시러 가자고 먼저 제안했다면 남자가 내는 게 당연합니다.

일부 남자들은 커피값에 대해서 '돈이 아니라 센스를 보고 싶다'라는 핑계를 대는데 1차 밥값 냈다고 몇 천 원짜리 커피를 여자한테 내라고 하는 것도 결국 '센스가 없는 행동'이기는 마찬가지입니다.

만약 커피값을 내도록 유도당했다고 한다면 그것은 남자가 마음이 없다고 봐도 과언이 아닙니다. 남자가 다시 만나고 싶은 여자에게 커피값 정도를 내라고 하지는 않을 테니까요. 만약 커피값까지 남자가 낸다면 고맙다며 말로만 '그럼 다음엔 제가 살게요' 정도로 인사치례하면 됩니다.

넷째, 에티켓

기본적인 에티켓은 반드시 지켜야 합니다. 그중에서도 특히 대화를 할 때 종교나 정치 이야기는 피합니다. 다행히 상대가 같은 의견을 가지고 있다면 상관이 없지만 이견이 있어 붙이 붙었을 경우 이번 소개팅은 거의 끝났다고 봐야 합니다.

또한 상대의 스펙이나 배경이 아무리 궁금하다고 해도 호구 조사하러 나온 것도 아닌데 상대가 불편할 정도로 꼬치꼬치 캐묻는 것은 좋지 않습니다. 계속 만날 사람인지, 오늘로서 컷해야 하는 사람인지 빨리 구별하는 것도 시행착오를 줄이기 위한 한 방법이기는 하나 첫 만남으로 모든 것을 판단하기는 어렵습니다. 마치 듣고 나온 프로필을 맞춰보려는 형사처럼 심문해버리면 데이트 분위기는 가라앉습니다. 물어보고 싶으면 교묘히 물어보거나 그게 안 되면 물어보지 마세요.

==다섯 번째, 맞장구==

대화는 눈을 맞추는 것이 중요합니다. 일반적으로 호감이 있는 쪽이 이야기를 많이 하고, 대화를 나누면서 호감이 생기기 때문에 남자가 이야기를 주도하고 많이 하는 것은 좋은 신호입니다.

이때 맞장구는 적당한 내숭과 애교가 섞여있으면 좋습니다. 자신의 모습을 꾸미지 않고 보여주겠다고 목젖이 보일 정도로 호탕하게 웃거나 하고 싶은 말을 다 해버리면 소개팅이 실패로 끝날 확률이 높습니다.

==첫 만남에서 중요한 것은 어떻게든 노력해서 상대방에게 가장 좋은 인상을 남기는 것입니다. 그것은 외모만이 아니라 태도나 전체적인 분위기입니다. 그러기 위해서는 그날 한순간만이 아니라 평소의 관리도 필요합니다. 그래서 첫인상은 결국 평소의 자신의 모습과 비슷한 것일 수도 있습니다. 첫 만남이 좋지 않으면 절대로 다음 만남이 이어지지 않습니다. 이 점을 잊지 맙시다.==

Chapter 02

소울메이트에 집착하는 여자

    소울메이트란 단어만 들어도 가슴이 설레는 분 많으시죠? 그리고 이 세상에 단 한 남자, 그 사람이 '소울메이트'라고 의심치 않는 분들도 많을 거고요. 솔직히 '남자친구', '남편'보다 멋있는 이름이기도 합니다.

    소울메이트란 말 그대로 '영혼의 친구'라고 할 수 있겠지요. '소울메이트'가 되려면 최소 몇 가지 조건이 충족되어야 합니다. 전생의 인연이나 운명적인 상대로서 만나자마자 서로를 알아볼 수 있어야 되고, 말 없이도 상대방의 속마음을 충분히 느낄 수 있어야 하며, 멀리 떨어져 있더라도 내가 아프면 상대방도 비슷한 통증을 느껴서 '어, 내 소울메이트에게 무슨 일이 있는 거 아닐까?' 하고 직감이 와야 합니다. 과연 이런 소울메이트 같은 남자친구를 만날 수 있을까요?

S.O.S

최선화(30대 중반, 현재 싱글)

인생을 사는 목적은
오로지 한 명의 '소울메이트'를 만나기 위해서일 수도 있다고 생각합니다.
이 세상 어딘가에 분명히 내 짝이 있고
또 그 사람은 만나기만 하면 바로 알아볼 수 있을 것이라고 믿습니다.
태어나기 전부터 영혼이 연결되어 있을 것이니까요.
친구들은 제가 순진해서 그렇다고 하지만,
저는 진정한 '소울메이트'를 만날 때까지 열심히 노력해볼 생각입니다.
정말 어리석은 것인가요?

긴급처방

　선화 씨처럼 '소울메이트'를 만나면 좋고 '소울메이트'를 만나기 위해 노력하고 싶다는 분들이 많습니다. '소울메이트'는 말 그대로 '영혼의 친구'입니다. 그리고 살면서 영혼이 통하는 친구를 만난다는 것은 분명히 가치 있고 기쁜 일일 것입니다.
　그런데 여기서 문제는 '소울메이트'는 세상에 단 한 명뿐이고, 반드시 '남자'여야 한다는 전제에서 발생됩니다.
　우선 그 단 한 명의 남자 '소울메이트'에 대해서 생각해봅시다. 최소한 대한민국의 20·30대의 남자들 중에 내 소울메이트를 찾을 수 있을까요? 소울메이트를 찾고 있는 여자들에게 가장 큰 기준은 '대화가 통한다'는 부분입니다. 영혼의 친구이니까 당연히 대화가 통하는 것이 전제가 되어야 하니까요. 그런데 대부분의 남자는 대화가 통하지 않아서 소울메이트 자격에서 탈락됩니다.
　도대체 피카소의 그림을 보고 내가 발로 그려도 이것보단 낫겠다는 말을 서슴없이 하고, 클래식은 졸립다며 소녀시대의 노래는 제대로 안 듣고 가수들의 다리만 쳐다보고,《1Q84》는 아이큐 84냐며 무협소설이나 보고 있는 남자와 소울메이트가 될 수 있는 여자가 몇 명이나 될까요?

결론적으로 대부분 여자들이 영혼이 통해야 한다고 생각하는 남자의 문화적 소양과 일반적 남자들의 문화적 소양은 거리가 너무 먼 것입니다. 물론 그 중에 한 명쯤은 존재하겠지요. 그런데 역시 여기서도 그런 소울메이트를 찾는 여자들과 경쟁을 해야겠지요?

그렇다면 그림을 모르고 음악을 모르고 소설을 안 읽는다고 무식한 남자일까요? 아닙니다. 단순히 여자들과 취미가 다른 것뿐입니다. 이런 남자들도 훌륭한 직업을 갖고 있고 사회에서 자기 몫을 제대로 해내고 있는 사람들입니다.

당신의 편협한 소울메이트 기준이 남자들을 바보처럼 보이게 만들고 있는 것인지 모릅니다. 물론 소울메이트가 있을 수 있고 그것을 추구하는 당신의 마음도 이해합니다. 그러나 '평생 소울메이트는 하나다'라는 생각은 버리는 것이 좋습니다.

==상황에 따라 친한 언니가 나의 소울메이트가 될 수 있고, 친구가 소울메이트가 될 수 있으며 또 남자친구가 소울메이트가 될 수 있습니다. 소울메이트를 평생 한 사람이라고 생각하는 것 자체가 많은 사람들과 좋은 관계를 가질 수 있는 가능성을 닫아버리는 것입니다.==

혹시 가끔 만나서 즐겁게 대화를 나누면서 술을 마시고, 나에게 사랑 고백을 할 가능성이 없는 남자를 소울메이트라고 생각하고 있지는 않나요? 반대로 과연 그 남자들이 당신을 소울메이트라고 생각할까요? 물론 아직 진정한 소울메이트를 못 알아봐서라고 할 수도 있겠지요. 그렇다면 앞서 말한 서로 단번에 알아보는 소울메이트라는 전제는 어떻게 된 건가요?

　'소울메이트'란 허울 좋은 환상일 수 있습니다. 진정한 소울메이트는 이미 내 주변에 있습니다. 다만 나의 어리석음이 그들의 고마움을 모르고, 지구상 어딘가에 있을 그 소울메이트를 만나기 위해 일생을 기다리겠다는 잘못된 선택을 하고 있는 것인지도 모릅니다.

　남자친구란 어떻게 보면 '소울메이트'와 별개의 문제일 수도 있습니다. 나아가서 부부도 그렇습니다. 오래 함께 살아서 결과적으로 '소울메이트'처럼 될 수도 있지만 처음부터 아주 잘 맞는 '소울메이트'가 된다는 것은 현실적으로 굉장히 어려운 일입니다. '소울메이트'를 찾기보다는 '소울메이트'가 될 가능성이 있는 남자를 찾는다는 현실적인 안목이 행복한 연애를 하게 해줄 것입니다.

Chapter 02

연애를 분석하고 해석하려는 여자

여자들끼리 가장 재미있는 수다의 소재는 '남자'일 것입니다. 그런데 남자에 관한 이야기가 재미있는 이유는 바로 그 자체가 아니라 '해석' 때문입니다. '내 남자친구는 전화를 잘 안 해'라는 그 단순한 사실 하나로도 해석은 백만 가지 이상으로 나올 수 있습니다.

일이 너무 바빠서, 마음이 없어서, 양다리 중이라서, 전화번호를 까먹어서, 그리고 전화를 잘 안 하는 남자 중에 A형이 많다는 등 갖가지 해석이 난무합니다. 이 해석들은 적중하는 경우도 있고 착각에 불과할 수도 있습니다. 그렇다면 이 해석들이 맞고 틀리고를 떠나 연애를 하는 데 과연 도움이 될까요?

유수연(20대 후반, 심각한 연애 중)

현재 남자친구와 6개월째 열애 중입니다.
매일 저녁마다 남자친구가 전화를 하는데
어쩌다 전화가 오지 않으면 분석에 들어갑니다.
전날 술을 많이 마셔서 피곤할 거야,
오늘따라 차가 막혀서 집에 늦게 도착했기 때문일 거야.
만약 그런 이유가 아니라면 나한테 애정이 식은 것일지도 모른다,
아니면 폰을 자주 잃어버리는데 회사에 두고 와서
전화를 못하는 것일 수도 있어 등등.
그리고 남자친구가 '오늘 립스틱 색깔이 너무 빨갛다'라고 하면
오늘 키스하기 싫다는 의미가 아닐까,
아니면 립스틱을 바르지 말라는 얘기가 아닐까,
혹시 내가 싫어진 건 아닐까 등등.
수백 개의 분석과 해석을 내놓게 됩니다.
이렇게 남자의 말 한마디와 행동 하나를 분석하는 게 문제일까요?
다른 여자들도 다 그렇지 않나요?

우리는 다른 사람에게 내 일상생활에 대해 설명할 때 단순히 있는 사실만 나열하는 것이 아니라, 나의 감정과 해석까지 곁들여 이야기합니다.

예를 들면 우리는 자신이 원치 않았던 혹은 예상치 못했던 일이 일어나 설명되지 않을 때는 상황을 '해석'하려고 합니다. 그렇게 하지 않으면 본인이 납득할 수가 없기 때문입니다.

우리가 친구에게 연애상담을 할 때 흔히 일어나는 일입니다.

"어제 소개팅을 했는데 나한테 관심이 있는 것 같았고 얘기도 잘 통했는데 연락이 안 오네."

여기까지가 설명입니다. 그런데 이 사실을 받아들이기가 힘들 때 '해석'을 시작합니다.

"남자가 왜 연락이 안 올까? 마음이 통한다고 했던 것은 나만의 착각이었나? 출장 간다고 하던데 바쁜가? 원래 아무한테나 잘해주는 바람둥이인가?"

여기저기서 수집한 정보를 조합한 결과 '그 남자 일이 요새 굉장히 바빠서 여자 사귀기 힘들다'라고 해석되면 스스로 납득할 수 있게 됩니다.

이것 말고도 많은 사람들이 서로를 납득시키는 말이 있습니다.

남자친구와 납득할 수 없는 이별을 했거나 반대로 정말 뜻하지 않게 남자를 만나게 되었을 때 우리는 이런 해석을 하지요. '인연이 아니야' 혹은 '인연이라서 만난 거야'라고. 이렇게 되면 자신뿐만이 아니라 주변 사람까지도 납득시키게 됩니다.

그러나 해석은 이렇게 단순하게 끝나지 않습니다. 어쩌면 우리는 납득하기 어려운 상황을 모두 '해석'을 통해서 해결하고 극복해왔던 것이 사실입니다.

남자친구가 안 생기는 건 남자들이 예쁜 여자만 찾는 멍청이이기 때문이라는 '남의 탓' 해석이 있고요. 남자친구를 당분간 찾아 나서지 않는 것은 저번에 소개팅을 한번 했는데 안 좋게 끝나서 라는 '핑계'의 해석이 있고요. 내가 결혼을 못하는 이유는 단순히 내가 노력하지 않는 것도 있지만, 요즘 세상에 능력 있는 여자는 결혼이 늦어진다는 남 탓과 내 탓을 교묘하게 섞은 '정당화'도 있습니다.

물론 모든 해석이 나쁜 것만은 아닙니다. 오늘 영어 시험을 망쳤는데 '이번에 영어 시험이 내 실력에 비해 어려웠다'라고 해석되면 더욱 열심히 노력하게 되어 이 해석은 긍정적으로 작용할 것입니다. 물론 이런 해석을 하기 위해서는 몇 가지 '사실'이 필요합니다. 그 동안 영어 시험을 계속 잘 보다가 한 번만 망쳤는가? 다른 시험은 잘 보고 영어만 망쳤는가? 다른 사람도 영어점수가 낮은가? 이 3가지가 다 확인이 되면 '영어 시험이 어려웠다'라는 결론을 내릴 수 있지요.

그러나 매번 영어 시험을 망쳤고, 다른 과목 시험성적도 안 좋고, 다른 사람은 영어 점수가 높다면 이것은 공부를 안 한 본인 탓이겠죠.

==매번 남자를 만나도 애프터로 잘 이어지지 않고, 남자뿐만 아니라 하는 일마다 다 잘 풀리지 않는다면 자신에게서 문제의 답을 찾는 것이 현명한 선택입니다.==

우리가 어떤 일을 실패하거나 그 일을 하지 않은 가장 큰 이유는 하기 싫기 때문입니다. 수연 씨의 경우에는 상황들을 예민하게 해석할 단계까지는 아니지만, 남자친구가 습관적으로 잠수를 타거나 연락이 오지 않는다면 '만나기 싫다'는 신호이기 때문에 그쯤에서 당신은 포기해야 합니다. 그러나 대놓고 '못생겨서 만나기 싫어' '뚱뚱해서 만나기 싫어'라고 말해 상처 주는 남자는 변명을 늘어놓는 남자보다 더 찌질한 남자입니다.

==스스로 설명이 안 되고 납득이 되지 않더라도 무리한 해석까지 할 필요==

없이 그 사실을 있는 그대로 받아들이는 것이 가장 스스로를 위한 길일 것입니다. 어찌 보면 연애에서는 해석과 분석을 하다 보면 돌이킬 수 없는 실수를 할 수도 있습니다. 객관적 사실을 보려고 노력하는 것이 나 자신에게도 상대에게도 도움이 되는 연애관계를 만들어줄 것입니다.

Chapter 02

내 조건이 나름 괜찮다고 생각하는 여자

'이 정도면 괜찮은데 왜 남자가 없을까?' 이런 말 정말 많이 합니다. 남에게도 하고 본인이 듣기도 합니다. 외모도 빠지지 않고 성격도 괜찮고 능력도 있고 나름 패션 센스도 있는데 왜 남자친구가 없을까? 이런 고민을 안 해본 사람이 있을까요? 갖출 거 다 갖추었는데 남자만 없는 여자 참 많이 있습니다. 그래서 이런 여자들을 가리켜 사회에서는 요즘 '골드 미스'라는 별칭까지 붙여주었습니다.

물론 여자만이 아닙니다. 남자도 마찬가지입니다. 두루두루 괜찮은 남자인데 여자친구가 없습니다. 그런데 왜 이렇게 두루두루 괜찮은 남녀가 서로 못 만나는 걸까요?

최예빈 (30대 중반, 현재 싱글)

저를 포함한 제 주변에는 뭐 하나 빠지지 않는 여자들인데
남자친구가 생기지 않습니다. 고민을 이야기하면
결론은 늘 '남자를 너무 고르지 말고 보는 눈을 낮추자'입니다.
하지만 막상 주변을 둘러보면
괜찮은 남자는 이미 결혼했거나 애인이 있습니다.
물론 모두 마음에 안 드는 건 아닙니다.
외모가 괜찮으면 경제력이 별로거나,
경제력이 괜찮으면 싸가지가 없는 경우가 많습니다.
나는 괜찮은 여자인데 그에 걸맞은 괜찮은 남자가 없다는 생각이 잘못됐나요?

제가 여러분에게 질문을 하나 하겠습니다.

"본인이 결혼 상대자로서 어느 정도가 된다고 생각하세요?"

평균 이상이다, 생각하시는 분 손들어보세요. 자, 다들 손 내리세요. 아마도 많은 분들이 손을 들었으리라고 생각되는데요.

결혼뿐만이 아니죠. 우리는 일을 하면서도, 취미에서도 '나는 평균 이상이다'라는 자기 평가를 많이 합니다. 왜 자신이 모든 기준에서 '평균 이상'이라는 평가가 나왔나요? 그 이유는 자신이 기준을 세우고, 자신이 중요하다고 생각하는 특성을 높이 평가하기 때문입니다.

우선은 연애와 무관한 예를 들어보겠습니다. 3명의 운전기사가 있습니다. 운전기사에게 자신의 운전 실력을 평가해보라고 하면 모두 자기는 평균 이상이라고 생각할 것입니다.

주의력이 중요하다고 생각하는 운전기사는 본인이 주의력이 다른 사람보다 높다고 생각하고, 경력이 중요하다고 생각하는 운전기사는 본인이 다른 사람보다 오래 운전한 편에 속한다고 생각할 것이며, 주의력도 경력도 없는 운전기사는 적어도 자기는 예의가 바르다고 예의를 중요하게 생각하는 것이지요. 그 결과 3명의 운전기사 모두 자기는 평균 이상이라고 생각할 것입니다.

마찬가지로 앞서 자신이 평균 이상이라고 손 드셨던 분 중에 결혼에 있어서 학력이 중요하다고 생각하신다면 본인의 학력을 다른 사람보다 더 우위에 놓고 볼 것이고, 직업이 중요하다고 생각하신다면 본인의 직업을 다른 사람보다 우위에 놓고 볼 것이며, 외모가 중요하다고 생각하신다면 본인의 외모를 다른 사람보다 우위에 놓고 볼 것입니다. 그러다 보니 자기는 평균 이상인 것이지요. 따라서 자신의 조건은 '평균 또는 평균 이상'이 되더라는 것입니다.

'내가 예쁘지는 않지만 학력이 높으니까 평균을 내면 평균 이상이 될 거야, 혹은 '내가 학력은 별로지만 좀 예쁘니까 평균을 내면 평균 이상이 될 거야' 하며 각 조건들을 독립적으로 생각하지 않고 스스로 평균을 내고 있지요. 하지만 안타깝게도 각각의 조건들은 독립적입니다. 물론 상대의 지적인 능력에 반해서 또는 외모가 출중해서 사랑에 빠지는 경우도 있기는 합니다.

한때 대학입시에서 종합점수만 봤던 시절이 있습니다. 그런데 지금은 과에 따라, 대학에 따라 특정 과목에 가산점을 주기도 합니다. 따라서 이 원리

대로라면 외모에 자신이 있으면 외모대로, 능력에 자신이 있으면 능력대로 더욱 노력해야 합니다. 하지만 그중에서도 절대적으로 서로 보완되지 않는 조건들이 있습니다.

예를 들면 미래가 전혀 없는 백수건달이 외모가 뛰어나다고 해도 그와의 결혼을 생각하는 여자는 드물 것입니다. 마찬가지로 여자가 학벌이 뛰어나고 능력이 좋다고 해도 커버되지 않는 부분이 있을 수 있습니다.

스스로 평균 이상이라고 생각하시는 분들! 당신의 발목을 잡고 있는 것은 평균 이상이라고 생각하는 그 부분이 아니라, 당신이 인정하고 싶지 않은 평균 이하의 부분 때문입니다. 물론 인간은 대부분의 면에서 스스로를 평가할 때 '평균 이상'이라고 생각하니 크게 걱정할 것은 없습니다. 문제는 타인을 평가할 때는 이와 반대로 후하지 않다는 것이지요.

우리가 남자를 따질 때는 학벌, 경제력, 직업, 나이, 외모 다 따져서 평균 이하의 항목이 있으면 그 부분이 문제라고 생각하니까요. 스스로 남자를 까다롭게 고르지 않는다고 생각하는 여자도 이 항목들을 기준으로 평균을 60점으로 놓고, 한 항목이라도 59점이면 그 사람은 연애대상자가 될 수 없다는 기준을 갖고 있기도 합니다. 이렇게 남에게는 '골고루'라는 기준을 적용시키면서 자신에게 만약 한 항목이 59점이라면 다른 것이 90점이 되므로 59점은 만회할 수 있으리라고 생각하는 것이지요.

역시 스스로를 돌아보는 일은 어렵습니다. 나 자신을 냉철하게 보는 것은 가장 어려운 일이니까요. 나는 평균 이상이고 남은 평균이 되기 어렵다는 시각 때문에 연애대상자를 쉽게 고르지 못하는 실수를 하고 있는 것일 수도 있습니다.

Chapter 02

날 어떻게 생각하냐는 말에 기대하는 여자

남자와 여자가 만나서 흔히 하는 말이 있습니다.

"저랑 차나 한잔 하실래요?"

이 말처럼 상징적이고 고전적인 말도 없지요. 이 말은 정말로 차를 한잔 하자는 뜻이 아니라 남자가 여자에게 관심이 있으니 만나보자는 얘기입니다.

마찬가지로 이별할 때는 이런 말을 합니다.

"우리 서로 시간을 갖는 것이 좋겠어."

이 말 또한 정말로 시간을 갖고 잘 지내자는 뜻이라기보다는 헤어지자는 말을 우회적으로 하는 것입니다. 이 말들은 객관적으로 어느 정도 검증된 말입니다.

이 정도의 명확한 말은 아니지만, 남자가 여자에게 직접적으로 고백을 하지 않고 돌려 묻는 말 중에 '나를 어떻게 생각해?'라는 것이 있습니다. 이 말은 정말 남자가 나를 어떻게 생각하는 것이 궁금해서 묻는 말일까요?

S.O.S

오혜선 (20대 후반, 소개팅만 50번째)

애인을 만들어보려고 닥치는 대로 소개팅을 하고 있습니다.
이런 노력에도 불구하고 만남은 대부분 일회성으로 끝났는데,
최근 두세 번 만나게 된 남자가 있어요.
이제 연애를 하게 될지도 모른다며 기대에 부풀었는데
마지막 만난 날 남자가 물었습니다.
"저를 어떻게 생각하세요?"
당황한 저는
"글쎄요. 아직 잘 모르겠는데요" 라고 대답했습니다.
순간 남자의 표정이 굳어지는 것을 보고
"저는 신중하게 사귀는 편이에요" 라고 열심히 설명했지만
분위기는 가라앉았고 그날 이후로 연락이 오지 않았습니다. 제가 그때 대답을
어떻게 했어야 했나요?

긴급처방

남자와 몇 번 만났습니다. 인상도 괜찮았고 호감도 있습니다. 그리고 남자도 나에게 관심이 있는 것 같습니다. 때마침 남자가 묻습니다.

"저에 대해 어떻게 생각하세요?"

이는 단순히 프로필 수집이 아니라 '어떤 관계'로 생각하느냐의 질문일 것입니다. 이 순간, 여러분들은 바로 깨달아야 합니다. 이 남자가 '나에게 마음이 없구나'라는 사실을요. 이것은 여러 가지 해석의 여지가 있는 것도 아니고, 남자 쪽에서 여자의 마음이 궁금한 것도 아닙니다.

일단 그 질문에 대답은 해야겠죠? 그렇다면 무조건 '모르쇠' 작전으로 나가야 합니다. '아직 생각 안 해봤는데요.' '그게 어떤 의미의 질문이에요?' 라거나 '네?'라며 아주 깜짝 놀란 척을 해도 됩니다.

==여자가 마음에 들었다면 남자가 감히 저런 질문을 못합니다. 그렇게 질문했다가 '그냥, 뭐……' '그런 쪽으로 생각해본 적이 없는데요?' 등 어쨌든 결론이 'NO!'로 함축될 수 있는 대답을 듣는 것이 두렵기 때문입니다.==

==여자를 좋아한다면 어떻게든 긍정적인 여자의 반응을 끌어내려고 하지 50대 50의 반응이 나올 수 있는 질문을 하지 않습니다. 따라서 여자의 거절이 나올 수도 있는 질문을 절대로 하지 않는 것입니다.==

여자가 마음에 들면 남자는 이렇게 질문합니다.

"난 ○○씨에게 호감이 있고 앞으로 더 만나보고 싶은데, ○○씨는 저에 대해 어떻게 생각하나요?"

최소한 질문을 한다고 해도 먼저 자신의 마음을 고백하지 처음부터 자기를 어떻게 생각하냐고 묻지 않습니다. 그것은 그저 '여자가 어떻게 생각하느냐'에 따라 내가 좀 더 만나볼 수 있다, 라는 정도의 얘기입니다.

남자가 자기에 대해 어떻게 생각하느냐고 물었다고 그것이 관계의 진척이나 남자가 호감이 있다는 표현을 했다고 착각해선 안 됩니다. 오히려 그 반대로 이젠 이 남자와 더 이상 발전이 없겠구나, 라고 생각해야 합니다. 오히려 '날 어떻게 생각해?' 물었던 남자는 갑자기 잠수를 탄다거나, 여자의 긍정적인 대답을 듣고 아무 반응도 없어 여자를 무기력하게 만들 수도 있습니다.

남자가 저 질문을 했을 때 이른 것 같아서 답을 제대로 안 했더니 남자가 멀어졌다며 그때 제대로 대답할 걸 그랬다고 후회할 필요가 없습니다. 처음부터 남자는 여자와 진지하게 사귈 생각이 없었던 것이니까요.

반대로 여자가 남자에게 '날 어떻게 생각해?'라고 물으면 고백이 됩니다.

따라서 남자에게 절대로 고백을 받기 전까지 '날 어떻게 생각해?'라는 질문을 먼저 해서는 안 됩니다. 만약 먼저 이렇게 질문을 해버리면 관계가 어색해지거나 애매했던 관계가 끝나버리게 될 가능성이 높습니다.

그러므로 '날 어떻게 생각해?'라는 남자의 질문에 대해 적당히 에두르거나 솔직히 대답하고, 그 후 남자의 반응에 대해서 머리를 싸매고 고민할 필요가 없습니다. 이 관계는 바로 잊어버리는 게 좋습니다. 시간을 끌면 끌수록 여자는 늪으로 빠져버리고 남자는 달아날 것입니다.

그리고 첫 만남에서 자신이 어떤 느낌이 드는지 혹은 자신에 대해 어떻게 생각하는지 묻는 남자가 있는데 이런 남자는 대부분 자신의 정보를 수집하기 위한 경우가 많습니다. 당신에게는 관심이 없으니 앞으로 다른 여자를 만날 때를 대비해서라도 자신이 어떻게 보이는지 정보나 얻자는 생각이지요. 만약 이런 경우라면 열심히 대답해주는 것도 어찌 보면 쓸데없는 짓이 될 수도 있습니다.

==간혹 남자가 '날 어떻게 생각해?'라는 질문을 했다고 어떻게 대답할지 머리를 싸매고 고민하거나 혹은 질문에 잘못 대답한 것 같다며 후회하는 여자들을 보는데 문제는 자신이 아니라, 그 질문을 한 남자의 마음에 있다==

는 것을 알아야 합니다. 진심으로 마음을 고백하고 싶은 남자라면 그런 말을 꺼내지 못할 것입니다. 오히려 여자에게 별 마음이 없을 때 떠볼 생각으로 묻는 경우가 많다고 보는 것이 좋습니다.

Solution

연애에도 목적이 있고 입장이 있다

누구나 '연애를 잘하고 싶다'고 생각합니다. 그렇다면 연애를 잘한다는 것은 어떤 의미일까요? 남자들을 많이 만나면 연애를 잘하는 걸까요? 아니면 한 남자를 10년 가까이 사귀면 연애를 잘하는 걸까요? 아니면 아주 멋진 남자와 사귀면 연애를 잘하는 걸까요?

이성을 잘 유혹하고 깊은 관계로도 많이 만나는데, 상대가 모두 평균 이상이라면 연애를 잘하는 것일까요? 연애를 잘하려면 먼저 '왜' 연애를 하는지 생각해봐야 합니다. 앞서 열거한 것은 연애의 목적이 '쾌락'인 경우입니다.

연애의 목적이 '쾌락'이라면 세상의 싱글 남녀들의 고민거리는 반 이상으로 줄어들 것입니다. 여러 명의 남자를 만나서 그 중에 마음에 드는 남자가 있으면 사귀고 마음이 변하면 가볍게 다른 남자를 만나면 되니까요.

왜 일부를 제외한 대다수의 사람들은 연애가 힘들고 어려울까요? 왜 많은 남자도 만나지 못하고 또 마음에 드는 남자와 사귀지 못할까요? 단순히 외모나 성격 탓일까요?

여자에게 연애가 어려운 이유는 그 목적을 단순히 '쾌락'에 두고 있지 않기 때문입니다. 연애의 종착점은 '결혼'이고, 결혼 못지않게 중요한 것이

'임신'인데 무의식적으로 이 선들이 다 연결되어 있기 때문입니다.

특히 '임신'이라는 것은 세상을 다시 바라볼 수 있게 만들어줄 만큼 중요한 일이기 때문에 여자는 연애를 하는 데 있어서 소극적이고 신중할 수밖에 없는 것입니다.

그렇습니다. 연애의 목적이 무엇이냐에 따라 달라집니다. 연애의 목적이 단순히 '쾌락'이 아니라 '결혼'이라면 상대를 고르는 일부터 관계를 발전시키는 것까지 많이 달라질 것입니다.

연애에는 목적뿐만이 아니라 입장도 중요합니다. 어떤 관계든 입장이 있습니다. 부모 자식 간에도 부모 자식이 '서로 사랑한다'라고 해서 부모가 자식이 되고 자식이 부모가 될 수 없는 원형이 있습니다.

마찬가지로 연애에서도 남자와 여자로 가르지 않더라도 입장의 차이가 있습니다.

우리는 많이 사랑하는 사람이 지는 거라고 이야기합니다. 더 사랑하는 사람이 상대에게 맞춰주고 배려하는 것도 사실입니다. 그렇다면 연애에 있어서 내가 어떤 입장에 놓이게 되느냐는 단순히 '서로 사랑한다'로 간단하게 말할 수 없게 됩니다.

내가 더 사랑하니까 내가 더 돈을 많이 쓰고 더 사랑을 표현한다고 합시다. 그런데 나보다 나를 덜 사랑하는 남자가 떠나버리면 그것은 누구의 잘못일까요? 덜 사랑하면서도 나의 사랑을 받았던 그가 나쁜 남자일까요? 어차피 '서로 사랑했다'는 사실이 중요하니, 덜 사랑하다가 떠난 남자가 잘못한 것이 없을 수도 있습니다.

그러나 현실적으로는 별로 좋아하지 않는 여자를 만나다가 떠나는 남자는 나쁜 남자가 됩니다. 왜 그럴까요?

그것은 좋아하는 사람을 사귀어야 한다는 전제가 있기 때문입니다. 좋아하지도 않는 여자를 사귄 것이 문제라고 생각합니다. 그렇다면 '서로 사랑하면 된다'라는 생각과 '덜 좋아하는 사람과 사귀다가 좋아하는 사람이 생겨서 떠난다'라는 것은 서로 문제가 없어야 합니다. '서로 사랑하면' 되니까요.

연애는 '남녀의 인간관계'입니다. 이때 중요한 것은 내가 상대를 어떻게 생각하느냐가 아니라 상대가 나를 어떻게 생각하느냐입니다. 상대의 마음과는 상관없이 무조건 내가 하고 싶은 대로 표현하고 관계를 이어가는 것이 오히려 '사랑'이란 이름 아래 고문일 수도 있습니다.

따라서 남자의 마음을 끊임없이 관찰하고 확인하며 그에 따른 태도를 보이는 것이 연애에 있어서 현명한 방법입니다.

연애의 목적이 무엇이고 연애에 있어서 자신의 입장이 어떤 것인지 생각해보는 것이 현실적인 연애를 하기 위한 첫걸음입니다. 현실적으로 연애를 시작하지 못하고 머릿속으로만 꿈꾸는 연애는 인생을 더 빈곤하고 우울하게 만드니까요.

Chapter 03

결혼

결혼식이 나만을 위한 것이라고 믿는 여자

신부는 결혼식의 꽃이라고 합니다. 그만큼 결혼식에서 신부가 중요하고 돋보이지요. 그래서인지 결혼식 준비를 하면서 스트레스 받는 신부를 많이 보게 됩니다. 그도 그럴 것이 남들은 결혼식이 30분 남짓이고 그후에 피로연과 폐백 정도까지 합치면 길어야 2시간 남짓의 행사로 별것 아닌 것 같지만, 그 2시간을 위해서 준비해야 할 것은 너무 많습니다. 청첩장, 음식, 양가 부모님의 의상, 웨딩드레스, 사회자 등등.

그리고 여기에 덧붙여 일생의 단 한 번뿐이라는 것과 손님들을 제대로 접대해야 하기 때문에 더욱 그렇습니다. 그런데 알고 보면 결혼식은 나만을 위한 것이 아닙니다.

S.O.S

정주아 (20대 후반, 예비 신부)

결혼식 날짜를 잡고 보니 할 일이 너무 많습니다.
왜 행복한 결혼식을 준비하면서 스트레스를 받는지 알 것 같아요.
양가 부모님들께서 저희들한테 다 알아서 하라고 하면서도
막상 알아보면 다른 의견을 제시하시니 답답합니다.
특히 결혼식장은 양가 부모님이 얘기하는 곳이 달라서
어떻게 해야 할까도 고민입니다.
결혼식은 우리의 것이니 우리 마음대로 하게 해달라고 하면 안 될까요?

긴급처방

우선 상견례가 끝나고 결혼 날짜를 잡으면 준비 목록에 지레 겁을 먹게 됩니다. 겁낼 것 없습니다. 내가 안 해도 어떻게든 누군가는 하게 됩니다. 남에게 미루는 것이냐고요? 절대 아닙니다. 당신은 '여주인공'이 되는 것입니다. 여주인공이 된다니 왠지 기분 좋으시죠? 맞습니다. 기분 좋은 거 맞습니다. 다만 '여주인공'이란 것을 잊고 자신이 시나리오 작가나 혹은 스태프, 감독이라고 착각할 때 문제가 생깁니다.

일단 결혼식이 정해지고 나면 양가의 아버님은 자본을 대는 제작자이고 양가 어머님들이 시나리오 작성에 들어갑니다. 그리고 시나리오를 감독(남편)과 여주인공에게 보여주겠죠? 이때 여주인공이 시나리오 작가에게 대놓고 '이 시나리오가 맘에 안 들어요, 이것밖에 못 써요? 이건 전 못하겠어요'라고 하면 좋은 영화가 나올까요? 아니죠. 이때 가능하면 감독을 움직이는 게 좋지요.

하지만 감독에게 '시나리오가 후져서 연기 못하겠다'고 말해서도 안 됩니다. 긍정적인 제안을 해보는 것도 한 방법입니다. 더 중요한 것은 '감독'을 '감독'으로 만들어주는 것입니다.

남편은 내 매니저가 아니라 표면적으로는 '감독'인 것입니다. 실제 연애

중인 여주인공과 감독이라고 생각해보세요. 공적인 장소에서는 '감독님'이라고 깍듯이 모시겠지요.

바로 그런 것입니다. 제작자와 시나리오 작가들이 보고 있을 때 감독 대우를 잘 해줘야 합니다. 제작자와 시나리오 작가들과의 협상은 감독에게 맡기는 것이 좋습니다. 혹시 제작자와 시나리오 작가들이 직접 묻더라도 '난 다 좋은데 감독님과 상의해보세요.' '전 괜찮은데 남편에게 맡길게요.' 이렇게 말하라는 거지요.

단, 결혼준비를 할 때쯤 되면 남편이 될 사람은 내가 온갖 짜증을 내도 그걸 그대로 자신의 어머니(시나리오 작가)에게 곧이곧대로 하지 않을 신공도 갖추고 있어야 합니다. 그러니까 평소부터 감독과 신뢰관계가 쌓여 있어야 한다는 것이지요. 영화 찍는다고 그때부터 감독한테 요구사항을 말해봤자 소용없다는 것입니다.

솔직히 우리나라에서 결혼식은 '부모님 잔치'입니다. 날 잡는 것도 부모님, 비용 부담도 부모님, 손님도 부모님이 많습니다. 내가 주인공인 것뿐이지 제작자, 시나리오 작가, 감독, 스태프는 다른 사람이 하는 것입니다. 내가 주인공이라고 내 마음대로 할 수 있다는 생각은 버리세요.

그리고 여주인공이 나서서 없어 보이게 직접 출연료 협상도 하지 마세요. 비용 문제는 남편에게 맡기거나 양가 부모님에게 맡겨버리면 어떻게든 그 안에서 해결됩니다. 그리고 대부분의 부모님은 결혼식 때가 되서 그런 얘기로 설왕설래하는 것을 즐기십니다. 그때 조금씩 '사돈, 사돈' 하면서 가까워지시기도 하고요.

그러다 보면 정말로 내가 하지 않으면 안 될 것들이 보이게 될 것입니다. 여주인공이니까 옷과 화장은 내가 해야겠지요. 웨딩드레스도 시나리오 작가들이 간섭하는 경우도 많으니 이것도 어쩔 수 없다고 하면 최종 남는 것은 '내 몸 만들기'입니다. 다이어트, 피부 관리, 메이크업 스타일 등은 누가 대신해주지 않습니다.

유명한 여배우가 출연한다고 영화가 무조건 성공하지는 않습니다. 돈 대는 제작자가 제일 중요하고 그 다음은 감독, 시나리오 작가, 스태프들 순입니다.

내 결혼식이니까 내 맘대로 한다는 착각에서 벗어나 오로지 그날 어떻게 하면 예뻐 보일까만 고민하세요. 살면서 그렇게 많은 사람들 앞에 화장하고 옷 입고 서는 날은 그리 많지 않으니까요.

당신이 신경 써야 할 부분은 바로 그것입니다. 그날 어떤 연기를 해서 어떤 필름(영화)을 남길 것인가. 결혼이 효도라면 '결혼식'도 효도입니다. 그리고 스크린에 나오지 않아도 영화에서 최고 권력은 제작자에게 있습니다. 여배우는 결혼식 날 최고로 아름답고 연기를 잘하면 됩니다.

Chapter 03

시댁은 무조건 적이라고 믿는 여자

여자들은 대부분 '시댁'이라는 단어를 들으면 부정적인 이미지를 떠올립니다. 어느 누구도 시댁에 대해서 긍정적인 얘기를 하지 않으니까요. 드라마의 단골 소재로 나오는 고부갈등 스토리도 한몫 거들고 있죠.

엄마가 시집살이 한 이야기, 일찍 시집 간 친구의 이야기 등을 듣고 결혼 전부터도 '시댁=적이다'라는 공식을 세우게 됩니다. 여기서 적대감이란 단순히 시어머니에게만 있는 것이 아닙니다. 시누이, 시동생, 도련님, 시작은어머니 등등. '시'자만 붙으면 적이라고 생각하게 됩니다. 물론 결혼으로 인해 갑자기 맺어진 가족이라 내 가족만큼 가깝거나 편하지 않지만 그렇다고 무조건 적이라고 생각하고 욕만 해야 할까요? 좀 더 해피하게 지낼 수 있는 방법은 없을까요?

S.O.S

고수현 (30대 초반, 결혼 3개월째)

적어도 2주에 한 번은 시댁에 갑니다.
모처럼 주말이라 집에서 쉬고 싶은데 남편은 이해하지 못합니다.
그래서 날 잡고 시댁에서 나오자마자 남편에게 불만을 토로했습니다.
남편은 잘 듣는 거 같더니 바로 시어머니에게 제가 한 말을 그대로 했더군요.
그 말을 전해 들은 시어머니는 화를 내시며 저더러 오지 말라고 하십니다.
역시 시댁은 적이 맞나 봅니다.
어떻게 하면 시댁과의 관계를 원활하게 할 수 있을까요?

여자들이 피해 갈 수 없는 단어가 있지요. 바로 '고부갈등'이라는 말입니다. 누구나 시어머니가 되고 누구나 며느리가 되는데 같은 여자임에도 불구하고 며느리 입장이 되면 적대감으로 똘똘 뭉치게 되는 것 같습니다. 그런데 무조건 시댁을 적이라고 생각해야 될까요? 적까지는 아니더라도 무난하게 지내고 싶다는 것이 여자들의 마음일 것입니다.

우선 남편과 시댁 사람들 사이에서 취할 태도를 말씀드리겠습니다. 문제를 최소화할 수 있는 마법 같은 방법입니다. 남편에게 시댁 욕을 하는 것은 '우리 이쯤에서 끝내자!' 하는 것과 같은 말입니다. 그래서 '될 수 있으면 시댁에 대해 좋게 말해야지'라고 생각할 수 있습니다.

그러나 이것보다 더 좋은 방법은 남편의 가족, 즉 시댁에 대해서는 절대로 먼저 화제를 꺼내지 않는 것입니다. 설사 남편이 먼저 화제로 꺼냈다고 해도 오래 얘기를 하지 않는 것이 좋습니다.

예를 들어보겠습니다. 결혼 전 처음 남자친구의 부모님께 인사하는 자리가 있었다고 합시다. 물론 그 자리에서 예의를 잘 갖추고 웃으면서 잘 얘기했을 것입니다. 그리고 그 자리가 끝나고 둘만 남았을 때 조금 전에 있던 상황을 계속해서 화제로 꺼내지 않을 것입니다. 자연스럽게 '우리 뭐 먹으러 갈까?' "영화나 보러 갈까?' 이렇게 다른 화제를 꺼내겠지요. 마치 아무 일도 없었다는 것처럼요.

먼저 남자가 말을 꺼낼 수도 있습니다.

"우리 어머니 어때?"

"아까 어땠어?"

여기서 절대로 곧이곧대로 혹은 '좋으신 분 같아' 이런 대답도 하지 않는 게 좋습니다. 어머니나 시댁 식구들에 대한 판단 자체가 나중에 어떤 일을 자초할지도 모릅니다. 슬쩍 자신에 대한 화제로 돌리세요.

"나 잘했어?"

"나 긴장했는데 잘했나 모르겠네."

정도로 하면 됩니다. 절대 상대 가족에 대한 얘기는 좋은 얘기든 나쁜 얘기든 하지 마세요. 남자가 이렇게 말할 수도 있습니다.

"우리 어머니가 좀 까다로우셔도 좋은 분이야."

"내 여동생이 저래 보여도 잘할 때는 잘해."

그럴 때 대답은 '그래? 난 잘 모르겠던데……' 이러고 넘어가면 됩니다.

결혼 후에도 마찬가지입니다. 명절을 시댁에서 한번 보내고 오면 남편과

단둘이 되자마자 마치 한풀이하듯이 떠드는 여자들이 있습니다.

"자기 그때 못 들었지? 작은어머니인 거 같은데 나한테 뭐라는지 알아? 남편 월급이 얼마인지 아냐는 거야. 내가 잘 모른다고 했더니 살림을 잘하네 마네 이런 얘기하더라. 짜증나, 정말."

이렇게 하소연을 시작합니다.

그러나 이때도 마찬가지입니다. 마치 시댁에서의 일은 모두 잊은 듯 그 시간 동안 그 자리에서 있었던 일은 언급하지 않는 것이 좋습니다.

'집까지 가려면 차가 많이 막힐까?' 라던가 '다음 달에 여행 가기로 한 거 날씨 좋으면 좋겠다'라는 별개의 이야기를 꺼냅니다.

그러면 시댁 식구들에게 짜증나는 것은 어떻게 하냐고요? 언니, 여동생, 친구들, 직장동료 등등 장단 맞춰주고 신나게 떠들어줄 사람은 얼마든지 있습니다. 비슷한 처지의 사람에게 이야기하면 더 스트레스도 풀리고 시원해집니다.

이 방법은 '내가 신랑에게 시댁에 대한 어떤 정보도 제공하지 않는다'는 것에 기초합니다.

예를 들면 남편과 얘기 끝에 '형님은 좀 말을 심하게 해'라고 했다고 칩시다. 언젠가는 남편이 무의식적으로 누나에게 '내 와이프가 그러는데 누나가 말을 좀 심하게 했다며?'라고 할 수도 있습니다.

그럴 때 대부분의 여자들은 남편을 원망합니다. 그러나 그 정보는 누가 제공한 것인지 생각해봐야 합니다. 또한 아무리 남편이라도 팔은 안으로 굽기 때문에 아내가 무슨 말을 해도 자기 가족들을 싸고돌게 되어 있습니다. 이 사실을 명심하세요!

==시댁도 내가 어떻게 하느냐에 따라 적이 될 수도 있고 그 반대가 될 수도 있습니다. 무조건 시댁만 탓하지 말고 자신이 어떤 태도를 취했는지도 돌아볼 필요가 있습니다.==

Chapter 03

결혼하면 자유가 박탈된다고 믿는 여자

억압되어 있던 여성들에게 현대에 와서 자유가 주어졌습니다. 여러 가지가 있지만 우선 교육의 평등으로 얼마든지 원하는 만큼 교육을 받을 수 있는 자유가 있지요. 그 외에 취업에 대한 자유, 복장의 자유 등등 모든 면에서 과거보다 상상도 못할 만큼 자유로워졌습니다. 그러나 딱 하나! 결혼인데요, 결혼은 남자와 여자의 무덤이라고 하지만 특히 여자가 포기해야 할 것이 많이 있는 것 같습니다. 결혼하면 하고 싶은 공부도 더 할 수 없고, 직장 생활에도 지장이 있고, 맘껏 즐기던 여행도 다시는 즐길 수 없을 것 같습니다. 정말 결혼이 자유를 박탈하는 것일까요?

S.O.S

한영주 (20대 후반, 해외영업)

결혼 생각만 하면 갑갑합니다.
직업상 한 달에 한 번은 해외 출장이 있고,
야간 대학원까지 다니고 있습니다.
남편 될 사람이 이해해주는 것도 한계가 있을 것 같습니다.
만약 결혼하면 주말에는 남편 때문에 친구들과도 자주 못 만나고,
자유롭게 여행도 못 다닐 것 같습니다.
명절에는 꼼짝없이 시집살이를 해야 하고요.
주변 사람들도 결혼하면 자유가 없어지니 미혼일 때 마음껏 즐기라고 합니다.
무덤 같은 결혼 과연 꼭 해야 할까요?

긴급처방

우리는 기혼자들로부터 '결혼은 인생의 무덤'이라는 말을 자주 듣습니다. TV에서는 우스갯소리로 결혼한 남자 연예인들이 총각들에게 '마흔 넘어서 장가 가라'는 말도 하더군요.

여러모로 상황을 종합 판단한 여자들은 '결혼=불행'이라고 생각합니다. 주변에 결혼한 친구들 이야기를 들어봐도 남편 흉보기 바쁜 거 같기도 하고요. 또 결혼한 뒤 '한 남자 때문에 만인에 대한 자유를 잃었다'고들 하고요.

다음으로 연상되는 것은 '시댁'에 관한 것입니다. 명절에 꼭 가야 한다는 것, 제사에 가야 한다는 것, 부모님 생신을 챙겨야 한다는 것 등등. 절대로 빠질 수 없는 행사 때문에 또 자유를 잃는 것이라고 생각합니다.

그 외에 일상적인 것이 있겠지요. '내가 마음대로 외출을 못한다' '해외여행을 맘대로 며칠씩 갈 수 없다' '아이가 생기면 아이 때문에 내 자유는 다 잃게 된다' 등등 아마 많은 분들이 이런 생각을 할 것입니다.

그렇다면 거꾸로 지금 누리는 자유는 어떤 것인가요? 만약 결혼하지 않는다면 직장을 다녀야 할 것입니다. 그 직장에 다니는 것이 자유인가요? 아니죠? 평일에는 묶여 있어야 합니다. 월급을 주니까 어쩔 수 없다고요? 그렇다면 월급을 준다(보상)는 전제조건이 있으면 어느 정도 구속은 용납된다는 얘기가 됩니다.

그런데 왜 결혼에서는 모든 것이 구속처럼 느껴질까요? 왜 결혼에서는 모든 것이 자유로워야만 진정한 자유인 것처럼 생각하는 걸까요? 결혼하면 시댁 행사에 얽매인다고 생각하지만, 싱글인 지금도 가정에 행사가 있으면 어느 정도 얽매입니다. 가정 행사에서 100% 자유로운 사람은 없습니다.

일상생활은 어떤가요? 정말로 하고 싶은 걸 하고 싶은 때 다 하고 사나요? 절대 그렇지 않습니다. 직장 상사 눈치 봐서 휴가 스케줄도 맞춰야 하고, 엄마 눈치 보고 밤늦게 들어가지 못할 수도 있습니다. 그나마 어느 정도 자유롭다고 느끼는 것은 어렸을 때부터 엄마에게 크고 작은 거짓말을 하는 데 익숙하기 때문입니다.

엄마에게 MT를 간다고 하거나 여자친구들끼리 놀러 간다고 하고, 남자친구와 여행을 다녀온 적이 있을 것입니다. 이렇게 몰래 자기 자유를 챙겨 왔으면서 왜 유독 결혼해서는 이런 거짓말도 필요 없는 자유를 원하는 것일까요?

크게 생각하면 인간은 평생 관계와 주변 상황 속에서 자유로울 수 없습니다. 자유보다는 '선택'의 문제로 보는 것이 맞습니다. 얻는 것이 있다면 잃는 것이 있습니다. 결혼하면 자유를 잃을 수 있겠지만 자신을 평생 책임져 주는 남편을 얻는 것이기도 합니다. 그리고 그런 남편이라면 어느 정도 자신이 포기할 수 있는 것도 있으리라고 봅니다.

시간을 기준으로 본다면 직장인이 아니라 전업주부가 더 자유로울 수도 있습니다. 그리고 밤늦게 돌아다니는 게 자유라면 원래부터 밤늦게 돌아다니지 않았던 사람에게는 자유를 잃는 게 아니죠.

만약 친구들과 해외여행을 가고 싶다면 남편에게 '일 때문에 간다'고 거짓말로 허락을 받으면 됩니다. 여자친구들끼리 간다고 거짓말하고 남자친구와 같이 갔던 것처럼 엄마를 속이는 것보다는 훨씬 양심적인 거짓말입니다.

결혼 후에 어느 정도 자기가 누리던 것을 어떻게 유지해가느냐는 것도 결국 자신에게 달려있습니다. 결혼 후, 남편이나 시어머니의 말 한마디에 겁먹고 아무것도 못하는 여자도 있습니다. 반대로 자기 자신이 하고 싶은 일이 큰 문제가 안 된다면 융통성을 발휘하여 요령껏 하면서 살 수 있습니다.

==전자는 대부분 자신의 자유가 박탈되는 문제를 남편이나 시댁에 결부시켜 얘기하지만 스스로가 자신을 옭아매고 있는 것일 수도 있습니다. 마치 미혼의 가장 큰 장점이 '자유'인 것처럼 말하지만 진정한 '자유'를 누리고나==

있는지 다시 생각해보길 바랍니다. 그리고 결혼 후에 대단한 자유를 잃은 것처럼 말하지만 그게 정말로 '자유'를 잃은 것인지 자신의 상황을 남 탓으로 돌리고 있는 건 아닌지 생각해보길 바랍니다.

Chapter 03

가사를 반반씩 부담해야 한다고 믿는 여자

요즘에는 맞벌이를 많이 해 결혼 후에 가사를 반반씩 분담하는 것이 공평한 것이라고 생각하는 여자들이 많습니다. 그리고 남편을 평가할 때도 돈을 얼마나 많이 벌어 오느냐도 있지만 또 집안일을 얼마나 잘해주느냐도 남들에게 자랑거리가 되는 것 같습니다.

그래서 남편이 집안일을 잘 도와주지 않으면 밖에 나가서 이야기할 때 의기소침해지는 것도 사실입니다. 가사를 도와주는 남편이 있다고 하더라도 제대로 하지 못해서 늘 자신이 다시 한다고 투정 부리는 여자들도 있습니다. 그래서 가사 분담을 반반씩 해야 가장 좋음에도 불구하고 남자가 가사 일을 제대로 못해서 자신이 다 하고 있다고 괴로워하는 여자들도 많이 있습니다. 가사는 정말 반반씩 분담하는 것이 좋을까요.

S.O.S

장은경(30대 후반, 결혼 8개월)

집안일을 통 해주지 않는 남편이 불만입니다.
맞벌이를 하는 만큼 결혼 전부터 가사 분담을 반반씩 하자고 약속했었습니다.
그런데 막상 결혼을 하고 보니 남편은 화장실 청소,
쓰레기 버리기 외에는 아무것도 하지 않습니다.
어쩌다 설거지나 물걸레질을 해주어도 제가 다시 해야 할 정도입니다.
성의 없이 대충 일하는 모습에 더 짜증이 납니다.
가사 분담이 반씩 실현되지 않는 이유는 무엇일까요?

가사 분담에 대해서는 정말 말이 많습니다. 요즘에는 대부분 여자들이 일을 하고 있기 때문에 결혼하면 '가사 분담은 반반씩' 해야 한다고 생각하는 경우가 많습니다. 심지어 결혼하기 전에 남자에게 '우리 가사를 공평하게 나누어야 된다'며 상의하는 여자도 있습니다.

여기서부터 스트레스가 시작됩니다. 이렇게 나누면 여자는 남자에게 잔소리를 하게 되지요.

"빨래는 자기 담당 아냐? 왜 안 하는 거야?"

"주말에 설거지는 자기가 하기로 했잖아."

그러다가 잘 안 되면 '우리나라 남자는 보수적이야'라고 하다가, 나아가서는 남자들이 집안일을 하지 않아도 되게 만든 역사 탓까지 하게 됩니다.

그런데 재미있는 연구 결과가 있습니다. 남자와 여자에게 동시에 '누가 더 집안일을 많이 하느냐?'라고 물었더니 남녀 모두가 자신이 집안일을 많이 한다고 대답했다고 합니다. 왜 이런 결과가 나왔을까요?

남자들은 부인과 비교해서 자신이 집안일을 더 많이 한다고 생각하기보다는 친구, 동료 혹은 아버지와 비교해 집안일을 많이 한다고 생각한다는 것이지요.

누구나 자기가 유리한 대로 생각하니까요. 그렇다면 이렇게 집안일을 많이 한다고 생각하는 남자에게 자꾸 요구한다고 문제가 해결될까요?

일단 누가 하느냐를 떠나서 '집안일'이라는 것은 필수 불가결한 것입니다. 살기 위해서는 어쩔 수 없이 해야 하는 일입니다. 그래서 예전에는 여자에게 온전히 집안일을 다 맡겼었지요. 돈 버는 일만큼 집안일도 중요합니다. 혼자 산다고 해서 집안일을 안 할 수는 없습니다. 여자든 남자든 혼자 산다면 바깥에서 돈도 벌고 집안일도 해야 합니다.

결혼을 해도 당연히 집안일을 해야 합니다. 그런데 무조건 '가사 분담은 반반씩'이란 전제를 깔면 오히려 더 힘들어집니다. 맞벌이 부부 중에서 가사도우미를 부르는 경우도 있습니다.

실제로 이 방법으로 부부싸움이 줄었다고 하는 분도 봤습니다. 직업의 특성에 따라 낮과 밤으로 나누어서 하는 집도 있고, 특별한 경우지만 여자가 바깥에서 일하고 남자가 집안에서 살림하는 경우도 있습니다.

집안일을 여자가 해야 하는 일이라고 생각하는 것도 고정관념이지만, 집안일을 반반씩 해야 한다고 생각하는 것도 고정관념입니다. 집안의 상황에 따라서 유동적으로 하는 것이 가장 바람직합니다.

==highlight_start==많은 여자들이 남자가 집안일을 도와주면 제대로 못한다고 잔소리하면서 본인이 다시 합니다. 물론 이해가 안 가는 것은 아닙니다. 하지만 인생은 선택입니다. 마음에 안 드는 집안 상태를 참을 것인가? 아니면 본인이 나서서 할 것인가? 둘 중에 하나를 선택해야 합니다.==highlight_end==

남편이 내가 원하는 만큼 집안일을 도와줄 것이라고 기대하는 것은 무리입니다. 또한 잔소리로 남자에게 집안일을 시킬 수 없습니다. 만약 남편이 집안일을 도와주거나 하려고 나서면 계속 하도록 놔두는 것이 가장 좋습니다. 오히려 이것저것 '이렇게 하자'고 말로 나누면 자신이 해야 할 일이 더 늘어날 수도 있습니다.

여자에겐 말도 많고 탈도 많은 집안일, 남자가 많이 해주면 해줄수록 좋겠지요. 그런데 정작 해줄 기회를 여자들이 먼저 뺏고 있는 경우를 많이 보게 됩니다. 먼저 하지는 않지만 아내가 집안일을 시작하면 남편이 거들어주는 경우도 있고요.

마지막으로 집안일을 얼마큼 하네 마네 하고 따지며 스트레스 받지 않았으면 합니다. 혼자 꼭 청소하고 빨래하고 밥한다고 해서 불평등한 것이 아닙니다. 살아가기 위해서는 어쨌든 필요한 일입니다.

그리고 몸이 힘들거나 하기 싫을 때는 과감히 남자에게 해달라고 하고 대신 해줄 때까지 본인이 하지 말고 기다려야 합니다. 자신이 원하는 타이밍에 해주는 것까지는 무리니까요.

Chapter 03 결혼

결혼 후 이성 친구가 있을 수 있다고 믿는 여자

　현대 사회에서는 여자가 결혼했다고 해서 이성과의 관계가 완전히 단절되어야 한다고 생각하지 않습니다. 회사에서 남자들과 일하는 것도 자연스럽고, 만약 동호회 활동을 한다면 그곳에서 남자들과 어울리는 것 또한 자연스러운 일입니다.

　하지만 기혼녀가 이성 친구가 있다는 것은 좀 다른 얘기입니다. 많은 드라마나 영화에서 불륜을 단골 소재로 쓰고 있고, 현실에서도 누구네 집 여자가 바람났다더라 하는 얘기는 흔히 들을 수 있습니다. 그러나 불륜 관계가 아니라면 결혼한 여자가 이성 친구가 있다는 것은 문제가 될 것도 없다는 생각이 들기도 합니다.

S.O.S

김지은 (20대 중반, 결혼 3년차)

며칠 전 회사 사람들과 회식을 하면서 나이트 클럽에 가게 되었습니다.
엉겁결에 부킹까지 하게 되었는데,
그중 한 명이 연락처를 알려달라고 했습니다.
집요하게 물어서 슬쩍 '전 결혼했어요' 라고 하자
그 남자는 놀라지도 않고 '그래도 우리 친구로 지낼 수 있지 않아요?'
라는 것입니다.
순간 왠지 그 사람의 말이 틀리지도 않다는 생각이 들었습니다.
회사도 서로 가까운 곳에 있어서 가끔 식사하는 것도 나쁘지 않을 것 같고요.
잘못된 생각일까요?

저는 결혼 후에 '이성 친구가 있나요?'라는 질문을 받아본 적이 있습니다. 참 의외였습니다. 사람들과 대화를 하다가 어떤 남자에 대한 얘기가 나오면 마치 싱글 때처럼 '그 남자 한번 만나보지?'라고 아무렇지도 않게 얘기를 하는 사람도 있습니다.

우리가 보통 이해하는 결혼의 의미라면 남녀가 서로 유일한 이성이 되는 것인데 어떻게 저런 질문을 아무렇지도 않게 할 수 있을까라는 생각이 듭니다.

물론 제가 '결혼하면 절대 이성 친구가 없어야 한다'고 못 박는 것은 아니지만, '결혼 후 생긴 이성 친구'를 긍정적인 시선으로 보기 어려운 것은 사실입니다. 하지만 요즘은 '요즘은 결혼 후에도 이성 친구가 하나쯤은 있다' '이성 친구와 불륜은 다르다' '불륜이라는 건 낡아빠진 생각이다'라는 얘기들을 아무렇지도 않게 합니다.

특히 상대의 바람끼로 상처를 받았던 여자들은 마음 밑바닥에 '그 사람도 피우는 데 나라고 못 피워?'라는 복수심이 깔려 있을 수 있습니다. 나아가서는 오히려 '요즘 이성 친구 없는 사람이 능력 없는 거 아니야?'라고 생각하는 이들도 있습니다.

그렇다면 결혼 후에 이성 친구가 정말로 필요할까요? 이런 대답도 있을 수 있겠지요. 결혼생활이라는 것이 원래 힘들고 남편의 관심과 사랑은 시들어가니까 선을 넘지 않는 범위 안에서 이성 친구를 만나면 생활의 활력소를 얻을 수 있다.

하지만 결혼 생활에서 중요하게 여기는 것 중 하나가 '다른 이성에 대한 배제'입니다.

남편에겐 부인이 유일한 여자가 되고 부인에겐 남편이 유일한 남자가 되는 것입니다. 그 안에는 부인과 남편의 섹스가 포함되어 있습니다. 그래서 다른 이성과 섹스를 하면 우리나라에서는 '간통죄'가 적용됩니다. 그런데 많은 분들이 간통죄가 없는 나라에서는 다른 이성과 섹스가 자유로울 것이라고 오해하는데, 국경을 막론하고 이성과의 관계는 가장 큰 이혼 사유에 해당됩니다.

어느 쪽이든 바람을 피워서 이혼하게 되면 소송에서 가장 불리합니다. 이렇듯 우리는 알게 모르게 '다른 이성과의 관계'를 결혼 생활에서 위협적인 일로 생각합니다. 그러므로 부부 사이에서 '이성 친구'란 것은 민감한 존재입니다. 아무리 단순히 만나서 차만 마시고 식사를 한다고 해도 그것 자체로도 충분히 문제 삼을 수 있는 것입니다.

그리고 이성 친구가 정말로 도움이 되는가를 생각해봐야 할 것 같습니다. 만약 만나서 밥 먹고 차 마시는 비용을 100% 남자가 낸다면 별 문제가 없어 보일 수도 있습니다. 그런데 그게 아니라면 내가 이성 친구에게 쓰는 비용이 과연 가치가 있는가를 생각해봐야 할 것입니다. 우리는 모두 가치 있는 것에 돈을 쓰려고 하니까요.

이번에는 내가 돈을 한 푼도 안 쓴다면 그 이성 친구와 관계는 괜찮은가에 대해 생각해봅시다. 그러면 이성 친구와의 관계에서 내가 얻을 게 무엇일까요? 단순히 '심리적 위안'이라고 한다면 꼭 그것을 이성 친구에게 얻을 필요가 있을까요? 동성 친구를 만나서도 충분히 가능한 일 아닐까요?

결국 이성 친구와 만나고 싶은 이유는 심리적으로 설명하기 어려운 '이성'으로서 느껴지는 감정이 있기 때문입니다. 이때 섹스를 한 적이 없다는 이유로 이 관계를 순수하게 볼 수 있을까요? 남녀관계인 이상 섹스에 대한 가능성은 완전히 배제할 수 없습니다.

만약 섹스까지 하는 이성 친구가 있다고 칩시다. 한번쯤은 이런 생각이 들겠지요.

'내가 가정을 파괴하고 있는 건 아닐까?'

그러나 가정을 파괴하기 전에 자기 자신을 파괴하는 행위일지도 모릅니다. 배우자를 젖혀두고 다른 이성과 성관계를 갖는다는 것 자체만으로 괴로우니까요.

결혼 후 만난 야릇한 관계의 이성 친구는 득이 될 것이 없습니다. 있어도 그만 없어도 그만인 것이라면 없는 게 낫습니다. 정말로 당신을 사랑하는 남자라면 평생을 함께하고 싶어 하고 그것을 행동으로 옮기는 사람입니다. 힘든 생활에서 단순히 위로를 해주는 것만으로 당신을 사랑한다고 착각하지는 않았으면 합니다.

 Chapter 03

 결혼

부모님이 반대하는 결혼은 안 좋다고 믿는 여자

　결혼은 단순히 두 사람만의 문제가 아니라 두 집안의 결합이라고 합니다. 그래서 결혼을 하기 위해서는 양가의 허락이 필요합니다. 결혼 결심 후 반대에 부딪히는 경우를 보게 됩니다. 어른들이 반대하는 건 다 이유가 있다는데, 포기하는 게 좋을지 아니면 내 인생은 내가 책임지는 것이니 부모님의 반대를 무릅쓰고 결혼하는 것이 좋은지 판단이 서지 않을 때가 있습니다. 그리고 부모님이 반대하는 결혼은 대부분 실패한다고 하는데, 부모님이 정말 마음에 들어 하는 사람과 결혼하는 것이 좋은 선택일까요?

S.O.S

이미령(30대 중반, 학원 경영)

결혼을 앞두고 양가 댁에 처음으로 인사를 갔습니다.
자연스레 상견례와 결혼 날짜 얘기도 나왔습니다.
그로부터 일주일 후, 남자친구가 전화로 청천벽력 같은 소식을 알려왔습니다.
분명히 인사 갔을 때만 해도 웃으며 맞아주시던 남자친구 부모님이
반대를 하신다니!
그러고 보니 엄마도 남자친구를 인사시켰을 때
별로 탐탁지 않아 했던 기억이 납니다.
양가 부모님이 반대하는 이 결혼 어떻게 하는 것이 좋을까요?

'집안의 반대'라고 하면 우리는 마치 준비된 듯 '로미오와 줄리엣'을 떠올립니다. 집안의 반대에는 다 이유가 있다는 것과 불행한 결말!

만약 본인이 집안의 반대에 부딪힌다면 우선 이성적으로 생각해보길 바랍니다. 경우의 수를 한번 생각해봅시다.

남자가 결혼을 결심하고 그 마음이 절실할 경우, 여자 집에서 반대한다면 남자는 노력할 것입니다. 여자가 본인과 결혼할 마음이 있다는 걸 안다면요. 따라서 여자가 나서서 부모님을 설득할 필요가 없습니다. 남자가 부모님의 마음을 움직이도록 노력할 것입니다.

제가 상담했던 어떤 분은 여자 쪽 부모님이 남자가 나이 들어 보인다고 마음에 안 들어 했다고 합니다. 이 사실을 알게 된 남자는 두 번째 부모님을 뵙게 된 날, 젊고 활기차 보이는 옷을 입고 가 반대하셨던 마음을 돌렸다고 합니다. 물론 이 경우는 아주 간단한 얘기입니다. 만약 남자가 여자와 결혼할 마음이 별로 없었다면 '내가 겉늙어 보이는 걸 어떻게 해. 성형수술을 할 수도 없고······' 이러고 말 것입니다.

이번에는 남자의 집에서 반대를 한다고 합시다. 솔직히 여자가 남자보다 더 나은 경우인데도 남자 쪽에서 반대하는 경우를 보게 됩니다. 정말 아무리 봐도 왜 반대하는지 논리적으로 이해는 안 되지만 그래도 이런 일이 벌어집니다. 연애와 결혼은 원래 논리적인 것이 아닙니다. 이 경우에도 마찬가지로 자신의 부모님을 설득시키기 위해 남자가 더 많이 노력합니다.

그래서 이 세상의 많은 어머니들이 여자한테 아들을 뺏겼다고 생각합니다. 이때야말로 남자의 결혼에 대한 의지를 볼 수 있습니다. 만약 결혼할 의지가 없다면 부모님 반대를 무릅쓰고 결혼하려 하지 않을 것입니다. 그래서 부모님의 반대를 핑계 대는 남자는 진짜 부모님의 반대가 이유라기보다는 여자와 결혼할 의지가 약한 것입니다.

단순히 연애 때 남자가 여자를 더 좋아하느냐 덜 좋아하느냐는 가벼운 문제일 수도 있습니다. 그런데 결혼을 하려고 할 때 부모님이 반대한다면 남자가 나서서 부모님을 설득해야 합니다. 남자는 '결혼하면 하고 말면 말고'의 자세를 취하고 있는데, 여자 혼자 이리 뛰고 저리 뛰면서 부모님을 설득한다면 그 모습이 얼마나 초라해 보일까요.

최소한 함께 노력해서 부모님의 반대를 이겨내려고 해도 남자의 의지가 없으면 불가능합니다. 결혼을 하는 과정에서 남자가 의지가 없고 적극적이지 않다면 살아보지 않아도 결말은 알 수 있습니다.

'부모님 반대'라는 것은 끝이 아니라 결혼을 위한 과정일 수 있습니다. 부모님들이 결사반대를 하는 것인지 마음에 안 드는 점을 얘기하려고 하시는지를 알아야 합니다. 만약 치명적인 문제 때문이 아니라면 좀 어렵겠지만 그 과정을 지나 결혼할 수 있습니다.

연애하는 과정에서도 남자를 관찰해야겠지만, 결혼을 준비하는 과정에서도 남자를 관찰해야 합니다. 부모님의 반대에 부딪혔을 때가 어쩌면 정말로 이 남자가 결혼이 얼마나 간절한지를 알 수 있는 때인지도 모릅니다.

부모님 반대 그 자체보다 거기에 따른 남자의 태도를 보고 결혼 여부를 결정하는 것이 맞습니다. 그래서 부모님과 결혼하는 것이 아니라 남자와 결혼한다고 하는 것입니다. 결혼해서 시댁을 안 보고 살 수는 있지만 결혼해서 남편을 안 보고 시댁만 보고 살 수는 없습니다. 호랑이 굴에 잡혀 가도 정신만 차리면 된다고 합니다. 어떤 상황에서도 가장 주목해야 할 것은 남자의 태도입니다.

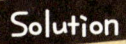

결혼에도
양면이 존재한다

우리는 결혼에 대해서 긍정적인 얘기보다는 부정적인 얘기를 참 많이 듣고 자랍니다. 아마 제일 먼저 어머니로부터 듣는 결혼의 부정적인 얘기가 아닌가 싶습니다.

"내가 결혼만 안 했다면……."

"내가 그때 네 아빠를 만나지 않았다면……."

"내가 공부를 더 했다면……."

그래서 어머니들은 조금이라도 더 좋은 환경에서, 조금이라도 더 많이 가르치기 위해 아들, 딸 차별 없이 물심양면으로 지원해주십니다. 그리고 사회에서 성공한 여자들을 보여줍니다. 대기업 CEO, 의사, 금메달리스트, 톱 모델 등 여자라고 할 수 없는 분야가 없습니다. 꼭 이렇게 대단한 사람만 볼 게 아닙니다. 주변을 둘러봐도 회사에서 부장이란 직위를 단 여자들도 많습니다.

반면 결혼은 어떤가요? 성공하기 위해 열정과 노력을 아끼는 여자들에게 결혼은 '선택'이란 인식이 어느 새 자리 잡았습니다. 커리어우먼들이 '전 결혼보다 일이 중요해요'라고 해도 전혀 어색하지 않습니다. 그런데 이 말에 '연애'까지 배제된 것은 아닙니다. 연애를 하더라도 결혼과는 별개라는 생각도 팽배해 있습니다.

　그러다 보니 결혼해서 생기는 문제점들을 결혼 그 자체로 보려는 경향이 있습니다. 결혼해서 남편이나 시댁과 갈등이 생겼을 경우, 문제가 '결혼'을 했기 때문에 시작되었다고 생각합니다. 정말 결혼 제도가 문제일까요? 그렇다면 문제인 결혼 제도를 왜 인류는 계속 유지할까요? 그것은 분명히 이득이 되는 점이 있기 때문입니다. 그렇다면 어떤 분은 이렇게 묻기도 하겠지요. '남자만 좋은 거 아니냐? 남자는 계속 회사 생활도 할 수 있고, 집안일 부담도 없고, 대를 이을 수 있으니까'라고 말입니다.

　하지만 남자에게도 결혼은 큰 구속입니다. 남자는 모든 여자를 마다하지 않습니다. 그럼에도 불구하고 한 여자를 택해 결혼하고 평생 그 여자와 아이를 책임집니다. 철부지 아들에서 한 가정을 책임지는 가장이 된다는 것이 무조건 행복한 일만은 아닐 것입니다.

　여자 입장에서는 결혼하면서 지금까지 누려왔던 것을 잃는다고 생각할지 모르겠습니다. 자유롭던 사회생활, 매달 월급이 나오는 직장, 심지어는 자유로운 연애마저도. 하지만 결혼해서 잃는 것만 있을까요?

　하나보다는 둘이 낫습니다. 그 이유는 무엇일까요? 가장 큰 이유는 인간은 외롭기 때문입니다. 그래서 평생 인간관계를 통해서 그 외로움을 해소하려고 노력합니다. 최초로 나의 외로움을 해결해준 사람은 어머니(최초 양육자)입니다. 그 후로는 학교를 다니면서 친구들 그리고 결혼 적령기에는 이성을 만나 외로움을 해소합니다. 만약 타인을 통해 외로움을 극복하는 방법을 배우지 못하면 평생 외로움에 시달리거나 잘못된 선택을 할 수도 있습니다. 우리는 평생 인간관계를 통해서 외로움을 달래는 방법을 배웁니다. 특히 결혼이란 피와 살이 섞이지 않은 남과 평생 서로의 외로움을 달래주는 인간관계를 맺게 되는 것입니다.

현대사회에서는 여자의 지위가 많이 상승되고 또 평생 일을 하는 여자도 많이 있지만 그래도 가정을 먹여 살려야 하는 책임은 남자가 더 큽니다. 이런 면에서 보면 지금 당장 돈이 아쉬워서 여자가 결혼하는 것은 아니지만, 일생을 놓고 봤을 때 언젠가 자신을 먹여살려줄 상대가 생기는 것입니다. 이렇게 큰 장점이 있음에도 불구하고 많은 여자들이 결혼을 후회한다며 다른 사람, 특히 여자에게 전문직이라면 결혼 안 해도 된다고 말합니다. 그런데 따지고 보면 결혼하지 않은 여자가 더 자유롭고 행복하다는 보장은 없습니다. 오히려 결혼한 여자나 결혼하지 않은 여자나 똑같이 어렵고 힘들다고 보는 것이 맞을 것 같습니다. 결혼을 하든 하지 않든 행복과 불행을 측량기에 재서 누가 더 불행하다고 할 수는 없습니다.

결혼을 하면서 얻는 것도 있고 잃는 것도 있습니다. 일방적으로 잃는 것만 있는 것은 아닙니다. 중요한 것은 나 자신입니다. 내가 어떤 생각을 갖고 있느냐에 따라서 같은 결혼이라도 행복하게 느낄 수 있고 불행하게 느낄 수 있습니다.

예를 들어 나보다 월급이 적은 남자랑 결혼해서 지방의 작은 아파트에 살면서도 행복하다고 느낄 수 있는 것은 단순히 결혼이 주는 행복이 아니라 스스로 느끼는 행복일 것입니다. 반대로 나보다 월급이 5배나 많은 남자랑 결혼해서 서울 청담동에 살면서도 불행하다고 느낀다면 그것 또한 자신이 불행하다고 느끼는 것입니다. 물론 어느 정도는 남의 이목도 중요합니다. 우리는 평범한 인간이니까요. 그럼에도 불구하고 빛 좋은 개살구처럼 사는 부부들을 보게 됩니다.

결혼에는 양면성이 존재합니다. 좋은 점만 있다고 생각하는 것도 문제가 있습니다. 정상적인 결혼 생활이 아닐 수도 있으니까요. 그리고 나쁜 점만 있고 좋은 점이 하나도 없다고 느끼는 것도 문제점입니다. 그렇다면 그 결혼 자체가 문제이기 때문에 다시 생각해보는 것이 좋습니다.

결혼에 대해서 드라마처럼 매일 알콩달콩 사는 것도 과장된 행복이지만 반대로 매일 싸우고 서로 죽일 듯이 사는 것도 과장된 불행입니다. 어느 날은 남편 때문에 웃지만, 어느 날은 남편 때문에 속상하기도 한 것이

결혼 생활입니다.

'내가 더 좋은 남자를 만났다면……' 하고 생각하는 것은 꼭 결혼만이 아니라 일상생활에서 내가 좀 더 좋은 대학을 갔다면, 내가 좀 더 좋은 회사에 입사했다면 하는 아쉬움과 비슷한 것입니다. 내가 원하는 결과보다는 모자라지만 행복하다면 성공한 삶이듯, 결혼도 아주 이상적인 모습이 아니라도 지금 여기에서 행복을 찾으면 충분히 가치 있는 인생이 될 것입니다.

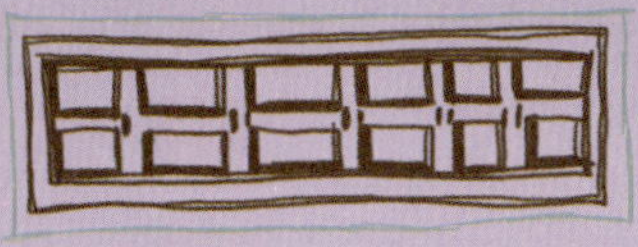

Chapter 04
외모

Chapter 05 외모

꾸미면 누구에게도 뒤지지 않는다고 믿는 여자

"옆 팀에 한 대리 오늘 예쁘게 하고 왔던데. 그렇게 꾸미니까 평소하고 달라 보여."

"맞아 맞아. 여자는 돈 들이고 꾸미면 다 예쁘단 말도 있잖아."

오늘도 이런 얘기를 회사 동료들과 나누면서 역시 '누구나 돈 있고 시간 있으면 훨씬 아름다워질 수 있어!'라며 자신감을 확고히 다지셨는지도 모르겠습니다. 세상의 대부분의 여자들은 '나는 완벽한 미인은 아니지만 마음먹고 꾸미고 나가면 평균 이상은 돼!'라고 생각합니다.

그런데 과연 평소와 다르게 꾸미는 날이 언제일까요? 친구 결혼식? 친척 결혼식? 회사 망년회? 소개팅하는 날? 드라마에 나오는 것처럼 파티에 참가하지 않는 이상 1년 365일 중에 꾸미고 나갈 날이 며칠이나 될까요? 그렇다면 도대체 언제 꾸미고 언제 미모를 뽐낼 날이 올까요?

공은주 (30대 후반, 디자이너)

가끔 주변 사람들이 '너도 꾸미면 예쁠 것 같아' 라는 말을 해요.
칭찬인지 욕인지는 잘 모르겠지만 꾸미지 않아도 괜찮다는 뜻 아닐까요?
수수하게 다녀도 그 정도니까 꾸민다면 확실히 예뻐지겠죠.
더구나 지난주에는 친구 결혼식에 좀 꾸미고 갔더니 예쁘다,
평소에 그러고 다녀라 등 난리가 났어요.
꾸미면 괜찮으니까 평소에는 좀 편하게 하고 다녀도 되지 않을까요?

저도 은주 씨 생각을 이해합니다. 그리고 우리 주변에도 이런 여자분들이 많지요. 돈만 있어봐, 예쁜 옷을 입고 화장을 공들여 하면 아주 예쁠 거야 라고요. 이 생각에 동감하신다면 다음과 같이 말을 바꿔볼게요. '내가 공부를 안 해서 그렇지 열심히 했으면 서울대에 갔을 거야' 하고 생각하는 것과 무엇이 다를까요?

우리는 해보지 않은 일에 대해 자신에게 관대합니다. 나도 놀아서 그렇지 3시간 자고 공부하면 사법고시에도 붙을 수 있어, 내가 그때 기타를 계속 배우기만 했으면 지금쯤 유명한 기타리스트가 되어있을지도 몰라 등등.

위 생각들 간의 공통점은 무엇일까요? 생각만 하고 실천하지 않았다는 것입니다. 서울대를 갈 수 있었다고 생각하지만 실제 그렇게 공부에 목숨 걸지 않았고, 멋진 기타리스트가 될 수 있었다고 생각하지만 기타 연습을 꾸준히 하지 않았습니다.

여자들의 '치장'도 이와 마찬가지입니다. 머릿속에서만 내가 꾸미면 예쁘다고 생각하는 것과 실제로 꾸며서 예쁜 것과는 큰 차이가 있습니다. 위의 예를 대입해본다면 서울대를 간 것과 서울대를 갈 수 있다고 생각하는 것은 천양지차입니다. 다만 스스로 '갈 수 있었다'고 생각하는 것으로 차이를 좁히려고 하는 것이지요.

마찬가지로 실제 꾸민 여자와 꾸미면 난 예뻐라고 생각하면서 꾸미지 않은 여자의 차이는 확실히 크지요. 출근 시 정성들여 화장하고 단정히 옷을 입는 것과 편안한 티셔츠에 청바지를 입고 쌩얼로 다니는 것이 같을까요? 누구나 전자는 자신을 잘 관리하는 여자, 후자는 귀차니즘에 빠진 여자로 볼 것입니다.

하루 정도 잘 꾸미고 왔다고 사람들이 '잘 꾸미는 여자'로 볼 리가 없습니다. 대부분 첫인상이 중요하다고 해서 처음만 잘 보이면 된다고 생각하는데, '이미지 누적 효과'도 큽니다. 매일 예쁘게 하고 다니는 여자와 그렇지 않은 여자가 있다면 당연히 예쁘게 하고 다니는 여자의 이미지가 좋아 보일 것입니다.

그리고 주변 사람들에게 '꾸미면 예쁠 것이다'라는 말을 들었다면 그 얘기는 '예쁘다'라는 칭찬이 아니라 '너무 안 꾸미고 다니니 좀 꾸미고 다녀라'라는 말을 돌려서 하는 것이라고 생각하면 됩니다. 정말 안 꾸며도 예쁘다면 그냥 '예쁘다'라고 했을 것입니다. 그런데 '꾸미면 예쁠 것이다'라는 말은 '왜 안 꾸미고 다니냐?'라는 말과 같습니다.

꾸미고 왔을 때 칭찬을 받았다고 진짜 꾸미면 예쁘구나 하고 믿고 있는 건 아니겠지요? 그 말은 '오늘은 좀 볼 만하니 매일 그렇게 좀 하고 다녀라' 라는 뜻입니다. 그 말을 들으면서도 이런 생각이 들 겁니다.

'어떻게 매일매일 화장하고 머리하고 옷 챙겨 입고 나와. 다 시간 낭비야.'

모든 것이 이 생각에 기인합니다. 돈이 없어서 옷을 못 사고 시간이 없어서 꾸미지 못하는 게 아닙니다. 가격 대비 예쁜 옷은 그냥 얻어지는 것이 아니라 발품을 팔거나 인터넷을 장시간 뒤져야 합니다. 그리고 심지어는 여러 번 입어봐야 합니다. 이런 과정을 귀찮아하면 예쁜 옷을 살 수 없습니다. 그리고 이런 훈련이 되어 있지 않으면, 정작 비싼 옷을 산다고 해도 자신에게 어떤 스타일의 옷이 잘 어울리는지 잘 모릅니다.

예쁘지는 않지만 스타일리시해 보이고 묘하게 끌리는 매력이 있다면, 그것은 비싼 옷과 남의 눈을 속이는 화장술 때문이 아니라 자신에게 어울리는 옷과 화장법을 찾기 위해 노력한 결과입니다. 당신은 실천이 귀찮아서 '나도 꾸미면 예쁘다'는 상상 속의 이미지만 갖고 있는 것이고요, 동시에 그 이미지는 현실에선 절대로 실현되지 않는 것입니다. 귀차니즘에 빠져 그 모습 그대로 늙어가지 말고 내일부터라도 한껏 꾸며보길 바라겠습니다.

어느 드라마에서 나온 대사가 있습니다.

"세상에 못생긴 여자는 없다. 게으른 여자가 있을 뿐이다."

공부는 무언가를 희생하고 심지어 비싼 등록금을 들여가면서 하는 것을 당연한 것으로 생각하면서 예뻐지는 것은 돈 안 들이고 꾸미지 않아도 예뻐야만 그게 진정한 미라고 생각하는 합리화를 하고 있는 것은 아닌지요. 간혹 서울대도 공부를 안 하고 갔다는 천재적인 사람이 있을 수도 있지만 대부분의 사람들은 어렸을 때부터 노력하고 어렵게 시험을 봐서 들어갑니다. 이처럼 예쁜 여자들도 타고난 사람도 있지만 남들보다 노력하고 어려운 과정(다이어트, 성형수술 등)을 거친 경우가 많습니다. 좋은 대학을 들어갈 뻔한 사람보다 들어간 사람이, 예쁠 뻔한 사람이 아니라 예쁜 사람이 되는 것이 여자로서 행복한 인생을 보내는 첫걸음입니다.

화장을 잘해야 한다며 화장품만 사는 여자

여자라면 핸드백 속에 화장품 파우치가 하나쯤은 들어있을 것입니다. 그 안에는 용도별, 크기별, 색깔별 여러 가지 화장품이 꽉 차 있습니다. 남자들은 여자들의 화장품을 보며 '도대체 왜 이렇게 많이 필요한 거야?'라고 말합니다. 여자 스스로도 이해가 안 될 때가 많습니다. 도대체 왜 나는 이 많은 화장품을 샀을까?

하지만 여자들에게 화장품이란 사는 순간부터 아름다워질 것이라는 환상을 주는 물건입니다. 그래서 아마도 실제 안 쓰게 되는 화장품도 덥석덥석 사게 되는 것 같습니다.

그런데 과연 이렇게 사들인 화장품을 제대로 활용하고 있을까요? 이 질문에 누구도 명쾌하게 'Yes!'라고 대답하기 어려울 것입니다. 한 번 쓰다 만 립스틱, 눈가가 검게 번진다고 쓰다 만 아이라이너, 커버력이 떨어지는 파운데이션, 버리기는 아깝고 그냥 쓰자니 도저히 안 맞는 처치 곤란의 화장품들. 화장품을 제대로 활용하는 방법은 없는 걸까요?

S.O.S

김현주 (20대 중반, 신입사원)

평소 화장하는 법에 대해 관심이 있어 화장품을 많이 샀습니다.
그런데 매번 실패만 합니다.
남자들은 진하게 화장한 얼굴 보다
오히려 화장 안 한 얼굴을 좋아한다고 하잖아요.
이제 화장하는 것에 대해 체념하게 됩니다.
그래서 화장할 때보단 오히려 당당하게
쌩얼을 하는 게 나은 것 같기도 합니다.

현주 씨처럼 저 또한 화장품을 많이 삽니다. 저도 화장품 매장을 지날 때마다 참새가 방앗간을 그냥 못 지나가듯 기웃거리게 되고 그러다 보면 작은 거라도 한두 개 사게 됩니다.

여자들은 왜 이렇게 이름도 어려운 화장품을 많이 살까요? 또 화장법은 어떻습니까? 고도의 테크닉이 필요합니다. 눈매를 말똥말똥 또렷하게 한다는 아이라인을 펜슬 타입, 액체 타입, 젤 타입 등 종류별로 다 사도 연예인들처럼 실제 예쁘게 그려지지 않는 경우도 많지요. 몇 번 사서 실패하다 보면 차라리 안 하는 게 낫다는 생각이 들기도 합니다.

대부분의 여자에게는 진한 화장에 대한 부정적인 이미지가 있습니다. 드라마나 영화에는 여자가 남자를 육체적으로 꼬시려고 할 때 빨간 립스틱을 꺼내 들어 진하게 바르는 장면이 자주 나옵니다. 마치 립스틱 하나가 큰 무기라도 되는 것처럼 말이죠. 그래서 화장이 진하면 왠지 천해 보이고 남자를 꼬시려는 노골적인 행동 같아 보여 진한 화장에 대한 거부감을 가지고 있을지도 모르겠습니다.

기본적으로 화장을 하는 이유는 더 예뻐 보이고 싶기 때문입니다. 쌩얼보다 더 못생겨 보이고 싶어 화장을 하는 것은 아니니까요. 따라서 화장을 안 하는 것보다는 하는 게 나은 것이 사실입니다. 쉽게 여배우들을 생각해보시면 됩니다. 정말 누가 봐도 예쁘다는 그녀들도 영화나 드라마에 나올 때는 몇 시간을 공들여서 메이크업을 합니다. 무작정 진한 화장이 아닌 극 중 자신의 캐릭터와 어울리면서도 자연스럽게 예쁜 화장을 합니다.

나만 빼고 주변 여자들이 다 화장을 잘하고 다니는 것 같지만 생각보다 주변에 화장을 어려워하는 여자들은 많습니다. 하지만 그들도 똑같은 실수와 경험을 반복했을 것입니다. 우리는 피부를 커버하려고 파운데이션을 많이 바르는 실수를 종종 합니다. 하지만 실제로 피부를 잘 커버하려면 적은 양으로 얇게 펴 발라야 합니다. 그리고 속눈썹을 잘 올리려면 보통 뷰러를 잡고 손이 꺾이도록 위로 올리는데, 제대로 올리려면 뷰러를 아래로 내리면서 집어주어야 합니다.

만약 쌩얼에 총알택시의 속도로 집에서 나가야 할 때 '눈썹 그리기'와 '립스틱 바르기' 둘 중 하나만 할 수 있는 시간이 주어진다면 어느 쪽을 택해야 할까요? 많은 여자분들이 립스틱을 발라야 한다고 생각할지 모르겠습니다만 '눈썹 그리기'를 하는 것이 더 자연스러운 것입니다. 평소에 눈썹이 반 토막 난 분들이 많으니까요. 그 눈썹을 채워주는 게 입술 바르는 것보다 더 자연스럽고 예뻐 보입니다.

화장도 공부해야 합니다. 화장법을 배우러 갔다가 혹시 화장품을 강매 당하는 게 아닐까 걱정하는 분들도 있는 것 같습니다만 메이크업을 제대로 가르쳐주는 곳은 찾아보면 많습니다. 영어나 악기를 배우는 것처럼 화장을 배우는 것도 일종의 자기계발입니다. 잡지에서 눈동냥으로 배운 화장이나 주변 사람들에게 귀동냥으로 배운 화장과 전문가가 알려주는 화장은 다르고요.

실제로 아이라인을 깔끔하고 예쁘게 그리는 친구들의 경우, 아이라이너를 하나 사서 한 번에 잘 그리게 된 것이 아닙니다. 자신의 눈에 잘 그려지면서도 적당한 가격인 아이라이너를 찾기 위해 인터넷을 뒤지고 리뷰를 정독하고, 수많은 시행착오를 거쳐 꼭 맞는 아이라이너 하나를 찾아낸 것입니다. 단순히 아이라이너 몇 개 사보고 잘 안 된다며 포기한 것이 아니라, 자신에게 맞는 아이라이너를 찾을 때까지 시도한 것이지요.

얼마 전 일본 잡지에서 본 재미있는 화장법이 있었습니다. 남자친구와 여행을 갈 때, 남자친구 집에 머물게 될 때, 잠을 잘 때 화장법이 있더군요. 이때는 어쩔 수 없이 쌩얼을 보여줘야 한다고 생각할지 모르지만 그때조차도 자연스럽게 보이는 화장법을 소개하고 있었습니다. 눈썹은 셰도우로 약하게 그리고, 컨실러로 피부는 살짝 커버하고, 입술은 립글로즈만 바르기!

화장품은 많이 사지만 사용법을 정확히 잘 모르는 경우가 많아서 무용지물이 되어 시간이 지나 버려지는 경우가 많습니다. 화장품 광고나 케이스 디자인에 현혹되어 화장품을 구매하는 것보다는 화장품 사용법을 제대로 아는 것이 더 중요합니다. 그러니까 화장법도 기회가 있다면 공부해보자고요!

Chapter 05 　　　　　　　　　　　　　　　외모

성형수술 효과가 크다고 믿는 여자

"나도 앞트임 할까?"

"그래, 한번 해봐. 나 아는 애도 앞트임 하고 정말 예뻐졌더라."

여자들 사이에서 성형 또한 아주 흥미로운 주제입니다. 대부분 성형으로 인해 얼마나 획기적으로 미인이 되었고 그리고 그 효과가 무엇으로 나타났는가에 대해 이야기합니다.

불과 몇 년 전까지만 해도 성형수술에 대한 부정적인 인식이 있었는데, 요즘은 쌍꺼풀 수술 정도는 기본이 되었다고 합니다. 너도 나도 성형수술을 많이 하다 보니, 수술을 권하기까지 하는데 이때 흔히들 수술을 통해 예뻐지기도 했지만 자신감이 생겼다고 하죠. 이런 말을 들으니 용기백배가 되어 나도 성형수술하면 예뻐지고 자신감도 많이 생길 거라는 기대를 갖게 됩니다. 그렇다면 진짜 성형수술 후에 운명이 바뀔까요?

S.O.S

하수원(30대 후반, 요가 강사)

최근에 쌍꺼풀과 코 수술을 했어요.
요가 강사로 사람들 앞에 나서는 일도 많고,
또 남자친구와 헤어지고 나서 자신감이 없어졌거든요.
수술 후에는 대만족이에요.
그런데 그다지 일상생활에 큰 변화가 없는 것 같아요.
물론 주변에서 예뻐졌다고 잘했다고 하지만 그게 전부예요.
새로운 남자들이 대시한다거나 하는 것도 없고,
혹시나 해서 전 남자친구에게 연락해서 만나봤어요.
예뻐진 모습을 보여주고 반응을 보고 싶었어요.
그런데 별 반응이 없었어요. 괜히 수술한 걸까요?

긴급처방

저는 성형수술 자체에 대해서는 찬성 입장도 반대 입장도 아닙니다. 재미있는 것은 고대 이집트의 여자 미라에서도 성형수술의 흔적이 나온다고 합니다. 예나 지금이나 여자들은 아름다워지기 위해서 말 그대로 살을 깎는 아픔까지 감수하는 것입니다.

어떤 개그우먼이 나와서 '여자들이 어떤 후회를 하느냐?'라는 질문에 '성형에 대한 후회를 많이 한다'고 해서 웃었던 적이 있습니다. 그리고 덧붙이기를 '눈은 했는데 코를 더 할 걸 그랬나?' 혹은 '쌍꺼풀을 좀 크게 할 걸 그랬나?'라는 후회라고 해서 공감이 가기도 했습니다.

아마 여자분들 중에는 성형수술에 관심 한번 안 가져본 사람 없고, 주위 사람들에게 실제 자신이 수술하면 어떨지 안 물어본 사람이 없을 것입니다. 수술을 하면 내 인생은 획기적으로 변할 거야, 라는 환상을 가지고 말이죠. 연예인들을 봐도 노력보다는 성형수술로 인기를 얻게 되었다는 생각도 드니까요.

하지만 비용 대비 효과를 계산해서 어렵게 성형수술을 결정했는데, 앞의 수원 씨처럼 큰 변화가 없다고 말하는 경우도 많습니다. 특히 연애 면에서 기대치가 무너지기 쉽습니다.

과연 성형수술 후에 무엇이 얼마만큼 달라질까요? 성형수술을 한 후에 여자들은 새로운 결심도 하고 기대도 합니다. 예전보다 예뻐졌으니 연애든 일이든 모두 잘될 것이라고 말이죠. 기대치를 상승시키는 것은 주변 친구들의 질투 섞인 부러움입니다. 똑같은 옷을 입고 같은 길을 걸어가도 남자들의 시선이 확 달라진 것 같습니다.

실제 남자를 만나면 약간 달라진 것도 있지만, 그렇다고 남자들이 너도 나도 접근해 오지는 않습니다. 그렇다면 성형수술을 해도 소용없는 걸까요? 아니면 다른 곳도 더 수술해야 할까요?

물론 예뻐진 것은 사실입니다. 그런데 바꾸지 못한 부분이 있습니다. 바로 성형수술 전과 같은 태도로 남자를 대하고 있는 것입니다. 자신감을 얻기 위해 수술을 했다면 어디서든 당당하게 행동하세요!

남자의 애매한 관심에도 혹시나 하는 마음에 남자에게 먼저 연락하거나 고백을 하기도 합니다. 실제 수원 씨도 전 남자친구에게 먼저 연락해서 만나기도 했지요. 이보다 더 최악인 경우는 새로운 만남의 자리를 시도조차 하지 않는 것입니다.

아무것도 하지 않고 저절로 남자가 생기겠지 하는 태도는 바꿔야 합니다. 성형수술만 했을 뿐 만남의 자리는 전혀 늘리지 않는 것은 쌩얼로 있다가 화장을 하고 집에만 있는 것과 같은 것입니다.

그리고 조급한 마음과 보상심리도 한몫합니다. 수술에 몇 백만 원을 썼으니 멋진 남자가 바로 나타날 것이라고 믿는 것입니다. 그래서 전보다 더 금방 지칩니다. 처음엔 의욕적으로 남자를 몇 명 만나보다가 이렇게 노력했는데도 남자가 안 생기는 걸 보면 자신은 혼자 살 운명인가 보다고 생각합니다. 최선을 다했지만 안 됐다며 수술 전보다 더 자신감을 잃는 것이지요.

==몇 번 노력해보고 변화가 없다고 절망하지 마세요. 성형수술이 좀 더 인상을 예쁘게 해준 것이지 사람 자체를 바꿔준 것이 아니니까요. 자신의 생각과 태도는 그대로일 수 있습니다.==

==성형수술을 해본 사람들은 이미 경험으로 모두 알고 있습니다. 수술 후에도 꾸준한 노력과 인내가 필요합니다. 외모를 업그레이드시키기 위해 노력한 만큼 자신감을 가지려고 노력했는지 그리고 남자를 대하는 태도를 바꾸었는지 돌아봐야 할 것입니다. 수술 후, 인생이 획기적으로 바뀌길 바란다면 다른 노력도 병행해야 합니다.==

TV에 나오는 연예인들이 성형수술한 얼굴로 운 좋게 인기를 얻었다고 생각할지 모르지만 피나는 노력을 하지 않으면 대중에게 잊히기 마련입니다. 성형수술만으로 변화가 오는 것이 아니라 그 노력만큼 자신에 대한 자신감, 다른 사람을 이해하려는 노력, 커뮤니케이션의 스킬, 남자를 대하는 태도 등등. 다른 노력과 병행될 때 성형수술도 큰 효과가 있을 것입니다.

Chapter 05

개성 있는 패션에 목숨 거는 여자

"어머! 그 옷 너무 잘 어울린다."

이 말처럼 여자를 기쁘게 하는 말이 있을까요? 옷이 날개라는 말이 있듯이 여자는 예쁜 옷을 입으면 정말로 하늘을 나는 기분이 됩니다. 그런데 예쁜 옷을 잘 입는다는 기준은 무엇인가요?

주변에서 보면 매일같이 전혀 색다른 패션으로 보는 이를 즐겁게 하는 사람도 있고, 반대로 패션만 봐도 정 떨어지게 만드는 사람도 있습니다. 회사에서 중요한 프레젠테이션이 있을 때, 선을 볼 때 외에도 이왕이면 상대에게 호감을 줄 수 있는 옷을 입고 싶지만, 그런 옷의 기준은 무엇인지 알쏭달쏭할 때가 있습니다.

S.O.S

박노연 (30대 초반, 간호사)

제 별명은 '신림동 패리스 힐튼'이에요.
누군가 '혹시 옷을 한번 입고 버리시는 거 아니에요?' 라면서
한 번도 같은 옷을 입는 것을 보지 못했다고 말했어요.
그도 그럴 만한 게 저는 변화무쌍하고 화려한 패션을 즐겨요.
사람들이 쳐다보면 오히려 그 시선을 즐기는 편이에요.
가끔 눈살을 찌푸리는 사람도 있지만요.
저만의 개성을 확실하게 보여줄 수 있는 옷차림이 잘못된 건가요?

긴급처방

데이트를 갈 때, 매일 아침마다 출근할 때, 친구 결혼식에 갈 때, 회사에서 체육대회가 있을 때 제일 먼저 무엇을 고민하나요? '무엇을 입고 갈까?' 아닌가요? 이때는 내 눈에만 만족스러운 옷을 입고 나갈 수는 없습니다. 상황에 맞춰서 옷을 고른다는 것 자체가 타인의 시선을 의식한다는 뜻이지요. 어쩌면 옷은 그 사람을 나타낸다기보다는 '내가 다른 사람에게 어떻게 보이고 싶은가'를 나타낸다고 할 수 있습니다.

결론적으로 얌전한 스타일로 입는다면 남들에게 얌전한 이미지로 보이고 싶다, 화려한 스타일로 입는다면 화려한 이미지로 보이고 싶다 정도로 정리할 수 있겠지요.

사실 지나치게 개성 있는 스타일이 있는 사람에게는 다가가기가 꺼려집니다. 뒷골목에서 막 튀어나온 듯한 격한 힙합 스타일이라든지, 지나치게 화려한 옷을 입은 여자들을 보면 왠지 말 걸기가 부담스럽습니다. 그렇다면 어떤 옷차림이 가장 좋을까요?

정석적으로 심플해서 약간의 촌스러움(?)까지 풍기는 스타일이 무난합니다. 그리고 바지보다 치마를 추천합니다. 상의가 꼭 블라우스가 아니라 티셔츠를 입었더라도 하의가 바지나 치마냐에 따라서 이미지가 확 달라집니다. 바지를 입으면 아무리 잘 입어도 치마보다는 '여성미'가 떨어집니다. 물론 커리어우먼의 이미지는 조금 덜 어필할 수 있을지 모르지만 말입니다.

무엇보다 워너비 스타일을 머릿속에만 그리고 있는 것이 아니라 구체화시켜 보는 작업이 중요합니다. 우선 패션잡지와 풀, 가위, 스크랩할 수 있는 스케치북이나 노트 등을 준비합니다. 잡지를 넘기면서 평소 눈여겨봤던 스타일의 페이지를 오려 스크랩합니다. 잡지는 이왕이면 과월호면 좋겠지요? 이 방법으로 자신이 원하는 스타일을 구체화시켜 어떤 특징이 있는지, 내 장점은 부각시키고 내 단점은 커버해줄 수 있는지 등을 찬찬히 살펴보면 많은 도움이 됩니다.

그리고 이 스크랩북을 친구들에게 보여주며 의견을 받아봅니다. 입고 있는 옷을 면전에서 평가해달라고 하는 것이 아니기 때문에 친구들은 쉽게 평가해 줄 수 있을 것입니다. 그 의견을 참고해서 수정할 부분을 수정하고 업그레이드할 부분은 업그레이드합니다. 이 작업을 몇 번 반복하면 자신이 어떤 스타일을 좋아하는지, 어떤 스타일을 추구하는지가 정리됩니다.

한편으로 옷은 겉으로 보이는 전부일 수 있습니다. 〈패션쇼〉라는 영화를 보면 이런 대사가 나옵니다.

"어떻게 그 사람인지 알아봤어?"

"스타일로 알아봤지."

원하든 원하지 않든 옷은 내가 어떤 사람이고, 어디서 일하며, 왜 이곳에 있는지 말해줍니다. 100% 사적인 시간 외에 옷은 자기만족이라기보다는 남들에게 어떤 모습으로 비쳐질지 고려해서 입어야 하는 것입니다.

진화심리학에서 옷은 이성에게 보이기 위한 것이라고 합니다. 그래서 어렸을 때는 엄마가 사주는 옷을 입지만, 사춘기가 되면 스스로 옷을 고르기 시작한다고 합니다. 이성을 의식하게 되었기 때문이지요.

무조건 옷이 많다고 좋은 것이 아닙니다. 체형이나 신장 등을 고려해 단정하게 입으면 그것으로 충분합니다. 사람들은 언제나 스타일로 기억하고 판단한다는 사실을 기억합시다. 당신이 지향하는 스타일의 옷 몇 벌만으로도 충분히 매력 있는 여자로 보일 수 있습니다.

Chapter 05 외모

다이어트 성과를 kg으로만 보는 여자

"나 아는 사람이 덴마크 다이어트 해서 10kg 뺐대."

"정말? 10kg이나?"

"그거 효과 좋은가 보다. 나도 당장 해야겠어."

주변에서 흔히 들을 수 있는 대화입니다. 우리는 단기간 내에 10kg을 뺐다는 사실에만 주목할 뿐 그 이야기의 주인공이 원래 몇 킬로였는지, 요요 현상을 겪고 있는 것은 아닌지 등은 묻지도 않습니다. 누구는 5kg을 빼고 누구는 10kg을 뺐다고 하면 먼저 10kg을 뺀 쪽에 흥미를 갖습니다. 대부분의 여자들에게 다이어트의 최종 목표는 무조건 살을 많이 빼야 하는 것이니까요.

그런데 이 kg이 어떤 의미가 있을까요? 그리고 남자들은 너무 마른 여자는 안 좋아한다고 하는데 얼마큼 살을 빼야 할까요? BMI의 표준치를 기준으로 하면 될까요? 이런 의문이 끊이지 않는 것이 여자들입니다.

S.O.S

한은지 (20대 초반, 대학생)

오늘도 체중계에 올라갔다가 실망했어요.
다이어트를 시작한 지 일주일이나 지났는데
몸무게는 고작 0.5kg밖에 변하지 않았어요.
분명 닭가슴살과 샐러드만 먹었는데 말이죠.
인터넷을 뒤져보니 목표 체중을 정하는 것이 중요하다고 하네요.
그래서 10kg 감량이라는 목표를 세웠어요.
한 달에 3kg씩 뺀다면 10kg은 가능할 것 같아요.
조금 더 굶어야겠어요.
이렇게 열심히 다이어트를 하면 살이 잘 빠지겠죠?

긴급처방

은지 씨는 키가 165cm에 몸무게가 60kg입니다. 현재 약간 통통해 보이는데 아마 5kg 정도를 빼면 아주 날씬해 보일 것 같습니다. 10kg까지 살을 빼지 않아도 충분히 다이어트에 성공했다고 볼 수 있을 것입니다. 그런데 왜 은지 씨는 10kg 감량이라는 목표를 정했을까요? 여자들끼리 다이어트에 성공했다고 했을 때 몇 킬로가 빠졌는지가 가장 중요하기 때문입니다.

다이어트를 흔히 살과의 전쟁이라고 합니다. 여자들은 1kg이라도 더 빼려고 온갖 방법을 다 시도하는데, 심한 경우 거식증이나 우울증에 걸리는 경우도 있습니다. 여자들에게 다이어트처럼 영원한 숙제도 없을 것입니다. 그러나 '건강'과 '미모'라는 양날에 서서 건강한 다이어트를 하려면 무리해서는 안 됩니다.

흔히 말하는 날씬하다, 잘빠졌다는 기준은 무엇일까요? 키에서 110을 빼서 몸무게가 나오는 정도가 되면 될까요? 아니면 BMI 수치로 기준을 잡아야 할까요? 물론 균형 잡히고 군살 없는 몸은 건강함의 기준입니다. 그러나 모순은 여자들이 건강을 위해 다이어트를 하는 것이 아니라는 점입니다. 요즘에는 몸무게 대신 '미용 체중'이라는 말도 나왔습니다. 이 체중은 기준 체중보다 훨씬 더 적은 체중입니다.

우리는 왜 다이어트를 할까요? 이유는 간단합니다. 날씬하면 더 예뻐 보이니까요. 물론 날씬해도 안 예쁜 여자가 있습니다. 하지만 이목구비가 살에 파묻혀 있다가 살을 빼고 극적으로 미인이 되는 경우도 많이 봤고, 인생 역전한 사람들도 봤습니다.

다이어트의 기준, 즉 목적은 아주 간단합니다. 바로 '뚱뚱해 보이지 않는 상태'가 정답입니다. 키가 몇 cm인데 몸무게가 몇 kg이다, 이번에 몇 kg을 감량했다는 이야기가 아니라 다른 사람이 나를 봤을 때 '뚱뚱하게 보느냐? 그렇지 않느냐'를 기준으로 삼으면 됩니다. 왜 뚱뚱하게 보이면 안 될까요? 뚱뚱하면 아줌마처럼 보이기 때문입니다. 또한 자기관리를 소홀히 하는 것처럼 비쳐집니다. 남자도 마찬가지지만 특히 여자가 뚱뚱하다는 것은 미용 차원을 넘어 비즈니스 상에서도 긍정적인 영향은 미치지 않습니다.

드라마 〈막돼먹은 영애 씨〉를 보면 모르는 사람들이 영애 씨를 '아줌마!'라고 부릅니다. 영애 씨의 나이나 결혼 여부는 가늠해볼 생각하지 않고 일단 '아줌마'가 되는 것이지요. 그럴 때마다 영애 씨는 화를 내면서 '저는 아가씨라고요!' 하고 정정합니다. 지금은 날씬하더라도 한때 살이 쪘던 분들은 이런 경험이 한 번쯤은 있을 것입니다. 한창 살이 오른 고등학교 3학년

때 사복을 입고 나가면 '아줌마!'라고 불려서 당황스러웠던 경험!

최소한 이런 봉변(?)을 당하지 않을 정도의 다이어트는 필요합니다. 지금 적정 수준의 몸무게를 유지하고 있는데, 무리하게 한 달 내에 10kg을 감량하겠다는 목표를 세울 필요 없습니다. 다이어트를 계획하기 전에 내가 살쪄 보이는 이미지인가를 먼저 판단해 보아야 합니다.

앞에서 말했던 헤어스타일이나 패션도 마찬가지입니다. 긴 머리보다 짧은 머리가 아줌마처럼 보이고 화려한 옷차림도 자칫 잘못하면 아줌마처럼 보이는 경향이 있습니다. 아줌마들을 비하하려는 말이 아니라, 미혼이면서 기혼으로 보인다는 건 연애의 대상에서 제외가 될 수 있다는 위험성이 있습니다.

==다이어트를 할 때 kg이라는 하나의 기준으로만 생각하지 말고, 전체적으로 뚱뚱한 이미지를 없애는 방향으로 노력한다면 무리한 다이어트로 인해 건강을 잃는 위험도 없을 것이고, 현실적인 기준을 설정하게 되어 금방 성취감을 느낄 수도 있을 것입니다.==

Chapter 05

어울린다는 말에 갇혀 있는 여자

'그 옷, 손님한테 너무 잘 어울려요' 혹은 '그 머리 너한테 너무 잘 어울린다'는 말 많이 들어보셨죠? 그냥 하는 말이라고 생각하면서도 '어울린다'는 말을 들으면 기분이 좋아집니다. 마치 이 말에는 개성을 인정하면서도 예쁘다는 의미가 담겨있는 것 같습니다. 그래서 옷을 사고, 머리를 하고, 신발을 사고, 가방을 사면서 역시 어울린다는 말을 들으며 안심하고 그렇게 지내고 있는지 모릅니다.

하지만 혹시 새로운 스타일을 보아도 나는 다리가 짧아서 이런 스타일 안 어울려, 나는 피부가 검은 편이라 저런 스타일 안 어울려 하면서 시도조차 못해보고 있는 것은 아닌지요.

S.O.S

서연화(30대 중반, 회사원)

저는 체구도 작고 볼륨이 없어서 늘 박시한 티셔츠에 레깅스,
단화를 선호해요.
이런 스타일이 저에게 가장 잘 어울리는 것 같고,
주변에서도 딱 내 스타일이라고 해요.
전에 사귀던 남자친구가 치마 한번 입는 게 소원이라고 했는데
나한테 어울리지 않는 것을 강요하는 것 같아서
한번도 입지 않았습니다.
나에게 잘 어울리는 스타일이 있는데 변화를 줄 필요가 있을까요?

'어울린다'는 말을 들으면 안심이 되는 것은 앞서 예를 든 스타일에만 국한된 것이 아닙니다. 새로운 취미를 시작했을 때도, 새로운 일을 시작했을 때도 자주 듣는 말입니다.

"나 얼마 전부터 요가 시작했어"라고 친구에게 말하면 "잘했어, 너한테 잘 맞을 거야. 나한테는 요가는 안 맞는 것 같아"라고 이야기합니다.

그리고 "나 회사 그만두고 프리랜서 할 거야"라고 하면 "잘했어. 너는 왠지 회사 다니는 거는 안 어울리는 것 같아"라고 이야기하죠.

'어울린다'는 말을 들으면 마치 올바른 선택을 했거나 올바른 방향으로 가고 있는 것 같은 안도감이 느껴집니다. 그리고 마치 '나다운' 개성을 인정하는 말로도 느껴집니다. 나다운 옷을 입고 나다운 취미를 가지고 나다운 일을 하고 있다는 생각이 듭니다.

==과연 남들이 말하는 '어울린다'라는 의미는 진짜 무엇일까요? 정말로 나에게 잘 어울린다는 의미일까요? 냉정하게 말하면 '기존에 네가 하던 모습과 일치한다'는 의미입니다. 친한 친구도 가족도 늘 보던 내 모습이 있습니다. 그 모습과 일치할 때 '어울린다'라고 합니다.==

==만약에 평소에는 무채색 계통의 옷만 입다가 어느 날 '빨간 옷'을 사 오==

면 '그건 너랑 안 어울릴 것 같은데……'라고 말할지도 모릅니다. 그것은 이미 그 사람이 갖고 있는 데이터를 바탕으로 한 판단이지요. 즉 '어울린다'는 말에는 '올바른 방향이다'라는 의미가 있을지 모르지만, 다른 면에서 보면 '새로운 시도'를 막고 있는 것입니다.

우리는 익숙한 것을 선호합니다. 좋은 것이든 나쁜 것이든 일단 익숙해지면 거기에서 벗어나는 것은 힘듭니다. 불편하거나 힘들지 않는 한 익숙해진 것에 안주하려고 하니까요.

특히 여자에게 '스타일'이라는 것이 그러합니다. 스스로 불편하거나 힘들다고 느끼기 전까지는 바꾸기 어렵습니다. 오히려 새로운 스타일이 불편하지요.

어떻게 보면 평생 바뀌지 않는 것 중에 하나가 '가르마'입니다. 아마도 나는 왼쪽 가르마가 어울린다든가 가운데 가르마가 어울린다든가 하는 '어울리는' 가르마 방향이 있기 때문일 것입니다.

그런데 이 가르마를 바꿔본 적이 있는지요? 가르마를 바꿔도 알아보는 사람이 의외로 없을 수도 있습니다. 그래서 나름대로 바꾼 가르마도 잘 어울리나 하는 생각이 들기도 합니다.

우선 무언가 변화를 시도하고 싶다면 돈도 안 들고 티도 별로 안 나는 가르마 바꿔보기부터 시도해보기 바랍니다. 바꾸고 나면 무언가 인생의 큰 습관을 바꾼 것 같은 뿌듯함이 들고 그것을 계기로 자신의 스타일을 이 것저것 바꿔볼 수 있는 용기가 생길 것입니다.

전속 코디네이터가 있지 않는 한 자신의 스타일을 다른 사람이 연구해 서 보기 좋게 바꿔주는 경우는 없습니다. 헤어스타일도 옷도 말하는 스타 일도 일하는 스타일도 모두 자신의 선택입니다. 남들은 내가 선택한 스타 일을 보고 익숙해진 것뿐입니다.

새로운 스타일을 시도했을 때 의외로 '안 어울린다'보다 또다시 '어울 린다'라는 말을 들을 확률이 높을 수도 있습니다. '남들이 안 어울린다고 할지 몰라'라고 걱정하지만, 오히려 자신이 더 어색한 것입니다.

나에게 어울리는 모습이 한 가지라고 생각하지 마세요. 변화를 주세요. 어제와 똑같은 틀을 깨고 나온다면 얼마든지 자신에게 어울리는 새로운 스타일을 찾을 수 있습니다.

끊임없이 도전하는 이유는 최상의 자기 스타일을 찾기 위해서입니다. 우리가 듣고 싶은 말은 '잘 어울린다'가 아니라 '예쁘다'입니다. 이 말에 얽

매여서 새로운 시도를 포기하지 말고, 자신에게 진짜로 잘 어울리는 스타일을 찾아서 '아름다운 여인'이 되기를 바랍니다.

Solution

남녀노소에게 두루두루 먹히는 건 청순미

여자들의 아름다움을 표현하는 말은 참 많이 있습니다. 단순히 '예쁘다'가 아니라 '시크하다', '엣지 있다', '섹시하다', '청순하다' 등. 가장 듣기 좋은 말 중에 하나가 '개성 있다'일지도 모르겠습니다. 그런데 이 말은 진짜 개성이 있다기보다 무언가 표현하기 어려울 때 하는 말일 가능성이 큽니다.

딱 집어서 '예쁘다'라고 말하기 어려울 때 '개성 있다'라는 말을 해버리면 코에 걸면 코걸이 귀에 걸면 귀걸이처럼 무리 없는 말이 됩니다. 만약 본인이 '개성 있다'라는 말 외에 다른 칭찬을 들어보지 못했다면 자신의 외면(외모뿐 아니라 옷과 화장 등)에 대해서 생각해보기를 바랍니다. 어쩌면 그 얘기는 당신에게서 여성미가 부족하다는 뜻이 될 수도 있으니까요.

우리는 주변에서 참 다양한 패션을 봅니다. TV나 잡지에서 보는 연예인, 가족, 친구, 직장 동료, 거리에 다니는 사람들까지. 그들을 관찰하면서 부러워하기도 하고 또 비판하기도 합니다. 대부분 여자들은 매일 매일 다르게 럭셔리한 옷을 입는 사람을 부러워합니다.

'옷이 정말 많은가 봐. 나도 저렇게 살고 싶다.'

진짜 부러운 것은 스타일이 아닌 옷일지도 모르겠습니다. 나아가서는 옷보다 옷의 가격일지도 모르죠. 하지만 돈이 없다고, 센스가 좀 부족하다고 주눅들 필요는 없습니다. 남녀노소 두루두루 무난하게 먹히는 것은 '섹시'나 '시크'가 아닌 '청순'입니다.

인기 여배우들은 대부분 청순미를 갖고 있습니다. 반대로 청순미가 전혀 없다면 대중들에게 골고루 인기를 얻기 어렵습니다. 개성 있는 여배우는 개성으로 기억되거나 마니아층이 있지만 '국민 여배우'나 '국민 여동생'이라는 타이틀이 붙지 않습니다.

혹시 어떤 분들은 물을지도 모르겠습니다. 남자들이 에로 배우에도 열광하지 않느냐고요. 그러나 소수 남자가 열광하는 것이지 남녀노소가 모두 그러한 것은 아닙니다. 또한 그들에게 평소 좋아하는 여배우가 누구냐고 묻는다면 에로 배우 중 하나를 지목하지 않을 것입니다. 그리고 남자들도 평소에 좋아하는 여배우를 묻는다면 그쪽 여배우를 언급하지는 않을 것입니다.

그렇다면 '청순미를 살린 스타일'이란 무엇일까요? 옷보다 내가 더 돋보이는 스타일, 옷에 묻히지 않고 내가 빛나 보이는 스타일을 말합니다. 지나치게 개성 있는 옷차림은 내가 아니라 옷이 주인공이 됩니다.

구체적으로 청순미가 넘치는 아이템을 찾는다면 얌전한 블라우스와 치마, 단아한 원피스, 카디건 정도가 되겠습니다. 영화 〈섹스 앤 더 시티〉에서 '샬롯'의 패션을 떠올리면 쉽게 이미지를 떠올릴 수 있을 것입니다. 그녀는 특별히 파티가 있어서 웨이브를 넣을 때 외에는 평소 적당히 긴 생머리를 고수하지요. 스타일도 다른 주인공들에 비해 튀지 않고 무난합니다.

앞서 말했듯 옷을 지나치게 화려하게 입거나 개성 있게 입는 사람들은 자신이 아닌 '옷'을 주인공으로 만들어버립니다. 이런 일을 직업으로 하는 사람이 모델입니다. 모델은 자신이 아니라 옷이 주인공이 되게 만드는 사람들이지요.

일상생활에서는 옷이 아니라 내가 주인공이 되어야 합니다. 그런데 누군가를 떠올릴 때 하도 요란하여 옷부터 떠오르는 사람이 있습니다. 옷은 어디까지나 나를 드러나게 하는 보조 수단이어야 합니다. 상대가 내 스타일을 부담스러워하지 않고 편안하게 다가올 수 있도록 해주어야 합니다.

조금 더 구체적으로 언급하자면 화려한 '네일'은 되도록 삼가는 것이 좋습니다. 아무리 개성시대라고 하지만 어울리지 않는 장소와 상황도 많습니다. 손을 깨끗하게 관리한다면 굳이 네일 관리를 하지 않아도 괜찮습니다. 만약 한다면 핑크색이나 베이지색 정도의 너무 길지 않은 손톱 길이

가 좋습니다.

　손잡기는 다른 사람들과 스킨십을 시작하는 첫 단계가 됩니다. 상대를 처음 만나 악수를 할 때, 무언가를 건네줄 때, 아이를 돌볼 때, 남자친구와 스킨십을 시작할 때 손은 제일 먼저 접촉이 일어나는 곳입니다. 이때 지나치게 화려한 손톱은 상대에게 반감을 줄 수 있습니다.

　눈은 인조 속눈썹을 두껍게 붙여 인형처럼 강조하지 않는 것이 좋습니다. 요즘에는 자연스러운 것도 많이 나와 있고 속눈썹 연장술도 있어 활용하면 좋을 것 같고, 아니면 마스카라만으로도 충분합니다.

　메이크업은 '내추럴'이 베스트입니다. 남자들이 가장 싫어하는 화장이 '신부화장'이라는 거 아시죠? 남자들은 예의상 어떤 신부라도 '예쁘다'고 말해주지만, 그 화장법에 대해서는 고개를 절레절레 흔듭니다. 흰 드레스에 진한 화장, 화려한 보석은 어쩌면 공주같이 살고 싶은 여자들의 속마음을 가장 잘 드러낸 모습일 것입니다. 하지만 매일 매일을 이렇게 살 수는 없습니다.

　진한 화장을 하지 않고도 아름다워 보이고 싶다면 기본적으로 '피부'를 최상으로 관리해야 합니다. 어쩌다 노출된 쌩얼에 대해서도 남자가 실망하지 않도록 말이죠. 건강한 피부에 담배는 당연히 적입니다. 또 과

일을 많이 먹어야 하고, 마사지숍을 가지 못한다면 집에서라도 꾸준히 해주어야 합니다. 화장기술로 피부를 커버하려는 안일한 태도는 버리길 바랍니다.

스타일의 기본은 '몸매'입니다. 우스갯소리로 완성은 '얼굴'이 한다고 하죠. 아무리 비싸고 예쁜 옷을 입어도 '몸매'가 받쳐주지 않으면 옷은 '천에 구멍 내 바느질한 것'이 될 뿐입니다.

몸매가 된다면 옷은 파스텔 톤의 치마와 블라우스, 원피스 정도면 충분합니다. 개인적으로는 원피스를 추천합니다. 아래 위를 따로 고민할 필요가 없고 몸매를 잘 드러내기 때문입니다.

반대로 몸매가 균형적이지 않거나 살집이 있다면 원피스보다는 치마와 블라우스가 적당합니다. 봄과 가을에는 그 위에 카디건이나 재킷 정도면 충분합니다.

스타일에 따라 다르지만 대개 액세서리는 '작은 것'이 좋습니다. 목만 보이게 하는 목걸이나, 떨어지면 발등을 찍을 것 같은 귀걸이는 상대에게 거리감을 느끼게 해줍니다. 한 듯 하지 않은 듯한 반짝이는 작은 액세서리가 당신을 더 돋보이게 할 것입니다.

물론 특별한 날 입을 수 있는 옷이 한두 벌쯤은 있을 것입니다. 그런 옷

은 본인의 컬렉션 정도로 생각하고 정말 특별한 날 짜잔~하고 입으시면 더욱 효과가 클 것입니다.

지금 내 스타일을 어떻게 꾸밀 것인가는 '우연히 길거리에서 첫사랑을 만나도 당당한 모습' 정도면 좋겠습니다.

우리는 상대를 처음 평가할 때 옷을 보게 됩니다. 그 판단 기준을 자신에게 적용시켜보세요. 단순히 예쁘고 좋은 옷을 입는 차원이 아니라 일상생활부터 바꿔야 할 부분이 많이 있을 것입니다. 화려한 옷을 많이 입는 것, 그것으로 행복해지지 않습니다. 나를 잘 드러내는 몇 가지 스타일의 옷만으로도 만족할 때 사랑도 행복도 찾아오는 것입니다.

Chapter 05
커뮤니케이션

Chapter 05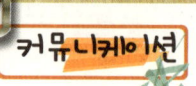

말끝마다 왜, 라고 묻는 여자

남자친구가 데이트에 늦었습니다. 만나자마자 묻습니다.

"왜 늦었어?"

"차가 막혔어."

"왜 차가 막혔는데?"

"토요일이니까 그런가 봐."

"그럼 왜 일찍 안 나왔어?"

이렇게 말마다 '왜'를 넣어서 대화하려는 여자들이 있습니다. 결국 이 대화는 어떻게 되었을까요?

"일찍 나오려고 했는데 어제 좀 피곤해서……."

"왜 피곤한데?"

"몰라서 물어? 어제 야근했잖아!"

이렇게 남자친구가 폭발하고 끝날지 모르겠습니다. '왜'라고 묻는 것이 도대체 뭐가 그렇게 문제인 걸까요?

S.O.S

우노연 (20대 후반, 서비스업)

저는 아무리 남자친구가 잘못을 했어도
그 이유를 알면 이해가 되고 용서할 수 있어요.
남자친구가 전화를 안 받은 경우,
데이트에 늦은 경우 등 대부분 그 이유를 물어요.
그리고 납득이 되면 이해하려고 노력해요.
그런데 매번 남자친구는 화를 냅니다.
이유를 속 시원히 얘기해주면 될 걸 굳이 왜 화를 내는지 이해가 되지 않아요.
이유를 알기 위해 '왜'라고 물으면 싸우게 되는 이유는 뭘까요?

긴급처방

이유를 알게 되면 세상 대부분의 것들을 이해할 수 있게 됩니다. 그래서 어떤 일을 경험하고 겪을 때마다 이유를 찾으려고 합니다. 사과가 떨어지는 데에도 '만유인력의 법칙'이라는 것이 있는데, 사람의 일은 다 이유가 있고 그 이유를 알아야 한다고 생각하는 것이지요. 그 전제가 사람을 참 집요하게 만든다는 것을 알고 있는지요? 우리 주변에 소연 씨 같은 분이 꽤 많은 것 같습니다.

휴가를 낼 때 정확히 얘기 안 하면 왜 휴가를 내는지 납득이 안 된다고 말하는 상사, 태풍 때문에 여행을 취소했는데 왜 태풍이 여행의 취소 이유가 되는지 납득이 안 된다고 하는 친구 등. 그렇습니다. 일상생활에서 이유를 알 수 없는 일들은 굉장히 많이 일어납니다. 그런데 그 모든 일에 대한 이유를 알고자 한다면 주위 사람들을 피곤하게 만드는 결과밖에 불러오지 않습니다. 오히려 대화에서 '왜'를 뺀다면 부드럽게 흘러갈 수 있을 것입니다.

예를 들어보겠습니다.

남자: 미안해. 좀 늦었지?

여자: 응, 늦었네. 무슨 일 있었어?

남자: 차가 막혀서.

여자: 아, 많이 막히지?

남자: 중간에 교통사고가 났나 봐.

여자: 그래?

남자: 금요일이라 차가 많아서 그랬나 봐.

여자: 그럼 좀 일찍 나오지 그랬어?

남자: 그러게, 정말 미안해. 대신 맛있는 거 먹으러 가자.

단지 '왜'라는 단어만 빼도 자연스럽게 대화가 흘러갑니다. 반대의 예를 들어볼게요.

"이러려면 왜 나를 만나는데?"

"날 왜 사랑하는데?"

"왜 나하고 사귀자고 했어?"

"왜 나한테 전화한 거야?"

소연 씨처럼 이유를 묻고 있을 뿐인데 왜 이런 대화는 꼭 뒤끝이 안 좋게 끝날까요? 묻는 입장에서 '왜'라는 단어를 쓰는 것은 이유를 알고 싶기 때문이라고 생각할지 모르지만, 듣는 사람 입장에서는 따지는 것처럼 들리기 때문입니다. 앞 질문의 목적은 이유를 알고 싶다기보다 따지고 싶은 거지요.

결혼한 부부들도 마찬가지입니다. 남편이 집에 늦게 들어왔을 때 대부분 아내들은 "왜 이렇게 늦었어? 어디서 뭘 하다 온 거야?"라고 따지기 시작합니다. 남편은 반발심에 "일하다 보면 좀 늦을 수도 있지, 뭘 그래?" 하며 받아칩니다. 하지만 일단 "오늘 많이 늦었네" 하고 아내가 대화를 시작한다면 나머지는 남편이 알아서 다 얘기할 겁니다. 소연 씨의 경우도 여기에 적용해보면 답이 나오겠지요.

본인은 단지 이유를 알고 싶어서 '왜'라고 묻는 질문이 상대방을 불편하게 했을 수도 있습니다. 혹시 '왜'라는 단어를 자신도 모르게 남발하고 있는 것이 아닌지 한번 돌아보고 '왜'라는 단어를 사용하지 않고 부드럽게 대화할 수 있는 방법을 생각해봅시다.

Chapter 05

맞장구치지 못하는 여자

"도대체 내 얘기 듣고 있는 거야? 뭐야?"

"듣고 있어. 계속 얘기해."

"대꾸라도 해야지. 그러지 않으면 답답하단 말이야."

이야기를 잘 듣고 있는데 상대가 화를 내는 경우가 있습니다. 분명 열심히 듣고 있는데 말이죠. 듣는 기능을 하는 것은 '귀'이기 때문에 작동(?)을 하고 있어도 큰 움직임이 보이지 않습니다. 그래서 상대방이 이야기를 할 때는 맞장구와 리액션이 필요합니다. 매번 끄덕이거나 감탄사만 내뱉는 맞장구는 지친다고요? 그럴 때 센스 있게 맞장구치는 방법은 없을까요?

S.O.S

이지연(30대 중반, 네일 아티스트)

저는 네일을 하는 시간 동안 손님과 마주 앉아 대화를 하는 경우가 많아요.
늘 고민되는 것이 손님에게 과연 어디까지 질문을 하고
어디까지 대답해도 될까라는 거예요.
친구도 아니고 손님인데 기분 상하지 않도록 얘기하려고 노력하지만
때로는 말실수를 할 때도 있어요.
동료는 손님이 먼저 말을 걸기 전에는 하지 말라고 충고를 하지만,
저는 그래도 간단한 대화를 하면
조금 더 부드러운 분위기에서 일할 수 있지 않을까 하는 생각이 들어요.
단순히 손님과 대화뿐만이 아니라
다른 사람과 원활한 대화를 하기 위한 특별한 방법은 없을까요?

긴급처방

   말을 하는 건 '테크닉(기술)'이라고 하지만 듣는 것은 '그릇(역량)'이라고 합니다. 말을 잘하는 것보다 듣는 것이 중요하다는 것은 우선 잘 들어야 말을 잘할 수 있다는 의미입니다. 잘 듣는 기술이란 어떤 것일까요? 상대방이 이야기를 잘할 수 있도록 기운을 북돋아주고 맞장구를 쳐주는 것입니다. 효과적으로 맞장구를 쳐주는 방법에는 3가지가 있습니다.

   첫째, 말꼬리를 반복해서 되묻는다.

   둘째, 요약해서 되묻는다.

   셋째, 키워드를 되묻는다.

   방법은 아주 간단합니다. 먼저 첫째와 관련된 예로 남녀 사이의 흔한 대화를 들겠습니다.

   간단한 날씨 얘기로 남자가 먼저 말을 꺼냈습니다.

   "낮엔 더운데 밤에는 좀 쌀쌀하네요. 그래도 ○○씨 만나려고 뛰어오니까 덥더라고요."

   이때 꼬리만 반복해서 되묻습니다.

   "아, 많이 더워요?"

   그러면 남자는 이렇게 말을 이어갈 것입니다.

"아, 그래도 여긴 에어컨이 있어서 시원한 것 같아요. 에어컨 바람이 좀 찬 거 같기도 하네요."

"바람이 좀 차죠?"

"하하하, 이 정도는 아직 겨울도 아닌데 괜찮아요."

말꼬리를 반복해서 되물으라고 해서 정말 조사 하나 안 틀리고 물으라는 것이 아니라, 뒤 단어를 요령 있게 반복해서 물으면 됩니다.

둘째, 요약해서 되묻기입니다.

"오늘 회사에서 중요한 프레젠테이션이 있어서 굉장히 긴장했어요. 점심도 못 먹고 준비했는데 그래도 다행히 부장님이 잘했다고 하더라고요."

이 말을 요약해서 이렇게 되묻습니다.

"프레젠테이션이 잘 마무리됐나 봐요?"

물론 이렇게 말하려면 상대방의 얘기를 아주 잘 듣고 핵심 파악이 전제가 되어야 합니다.

셋째, '키워드'로 되묻기입니다.

위의 3가지 방법 중에 가장 신경 덜 쓰고, 질문도 할 수 있고, 상대방에게 얘기를 많이 시킬 수도 있는 방법이라 저도 많이 써먹고 있습니다.

"추석 연휴에도 일이 많아서 출근해야 할지도 모르는데, 몸은 피곤하고 집에도 내려가봐야 하고……."

친구가 이렇게 말했을 때 그 중 키워드라고 생각되는 부분을 되묻는 것입니다.

"출근??"

이렇게 말입니다.

그러면 상대방은 이렇게 다음 얘기를 이어갈 것입니다.

"응, 추석에 출근하게 되면 참 우울할 것 같아!"

이렇게 3가지 방법을 시기적절하게 활용하면 대화가 좀 더 활기차질 것입니다. 물론 공감해주는 마음이 바탕이 되어야겠죠? 이 밖에도 표정, 보디랭귀지 등도 중요합니다. 단, 테크닉은 앞서 이야기했지만 단순히 '기술'이 아니라 '그릇(역량)'에서 오는 것임을 잊지 맙시다.

Chapter 05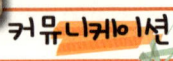

모든 걸 대화로 풀어야 한다고 믿는 여자

'커뮤니케이션'이라는 말이 도깨비 방망이같이 느껴질 때가 있습니다. 자기계발서를 봐도 커뮤니케이션에 능통해야 성공한다는 말뿐이고, 대인관계에 문제가 생겼을 때는 "얘기를 잘 해봐. 대화로 풀어야지"라는 충고를 듣게 됩니다.

의견 충돌 시 무조건 상대방을 몰아붙이거나 탓하기보다는 먼저 대화를 해보는 것이 중요하다는 것에 누구나 동의할 것입니다. 그런데 실제로 대화로 풀 수 있는 문제들이 얼마나 될까요? 대화로 풀릴 문제였다면 사태가 그렇게까지 악화가 되지 않았을지도 모릅니다. 과연 '대화'가 모든 문제를 풀어줄 열쇠가 되는 걸까요?

하수정 (20대 후반, 기타리스트)

기타가 단순히 악기가 아니라 사람들과 소통할 수 있는 도구가 되듯
'대화'는 사람의 마음의 문을 연다고 굳게 믿고 있어요.
특히 연인관계에서는 대화가 중요한 것 같아
멀어지는 느낌이 들 때마다 대화를 하자고 남자친구를 설득해 보기도 하지만
결국 싸움이 되고 헤어지는 경우가 많은 것 같아요.
동료 연주자와도 호흡을 맞추어야 하는데
며칠째 기분이 상했는지 말을 걸지 않네요.
대화를 나누기 위해 노력하는 제가 잘못된 건가요?

긴급처방

우리는 어느 순간부터인가 '커뮤니케이션을 잘해야 한다'라는 명제로부터 자유롭지 못한 것 같습니다. 특히 학교를 졸업하고 사회생활을 시작하면 어디서나 입을 모아 '커뮤니케이션'이 중요하다고 하기 때문에 말 잘하는 법에 대해 고민하게 됩니다. 실제 대화로 문제를 해결하는 경우도 많이 봅니다. 그래서 우리는 끊임없이 자신의 커뮤니케이션 능력이 부족하다고 생각하고, 문제가 생겼을 때도 시간을 내 대화로 풀어가려고 합니다.

그런데 재미있는 통계가 있습니다. 여자는 말할 때 하루에 2000단어를 사용하고, 남자는 500단어를 사용한다고 합니다. 이렇듯 남녀의 차이가 큰데 개인 차이는 없을까요?

당연히 개인 차이도 있습니다. 대화 자체를 즐기는 사람도 있지만 그 반대의 사람도 있습니다. 그런데 위와 같은 논리라면 평소 말수가 적은 사람에게 대화는 굉장한 스트레스일 것입니다. 대화를 피한다고 해서 마음의 문이 닫혀있다거나 커뮤니케이션 스킬이 부족하다고 몰아붙이는 것은 잘못된 것입니다.

동양인보다 서양인이 커뮤니케이션 능력과 표현능력이 뛰어나다고 합니다. 자라면서 중요성을 깨달을 수 있도록 많이 교육을 받으니까요. 하지만 동양권 중에서도 일본은 사회생활을 하는 데 있어서 '커뮤니케이션 능력'이 중요하다고 생각하고, 회사 내에서도 대부분의 문제가 '미스 커뮤니케이션'으로 인해 일어난다고 봅니다.

일본에서는 사회생활에 적응하지 못하고 집 안에만 틀어박혀 사는 병적인 사람들을 일컫는 히키코모리(1970년대부터 일본에서 나타나기 시작해 1990년대 중반, 은둔형 외톨이가 나타나면서 사회문제로 떠오른 용어. 히키코모리는 '틀어박히다'는 뜻의 일본어 '히키코모루'의 명사형으로, 사회생활에 적응하지 못하고 집에만 틀어박혀 사는 사람들을 일컬음)의 문제를 정신적인 문제가 아니라 '커뮤니케이션'의 문제로 봅니다. 히키코모리는 대부분 남자가 많은데, 아마 여자들은 기본적으로 대화를 좋아하기 때문에 히키코모리가 될 수 없을지도 모릅니다. 최소한 가족과의 대화는 시도하기 때문입니다.

그런데 신기하게도 우리나라는 일본보다 히키코모리는 적습니다. 피시방에서 시간을 오래 보내거나, 집에서 게임에 빠져 있는 경우는 있어도 자기 방에서 한 발자국도 나오지 않는 경우는 드뭅니다.

일본에서 히키코모리가 생긴 것은 어쩌면 사회적으로 강도 높은 '커뮤니케이션'을 요구하기 때문에 커뮤니케이션 능력이 떨어지는 사람들이 아예 소외된 것인지도 모릅니다. 조금 어설픈 커뮤니케이션 능력이라도 다른 사람들과 대화할 수 있다면 히키코모리는 생기지 않았을지도 모릅니다.

일본에서는 보통 여러 사람이 함께 대화할 때 본인이 적극적으로 대화에 참여하지 않으면 옆에서 먼저 말을 걸어주는 경우는 드뭅니다. 다만 그 사람은 듣는 것을 좋아하는구나 하고 방치시켜 둡니다. 이런 분위기에서는 적극성이 없다면 대화에 참여하기 어려워지는 것이지요.

커뮤니케이션 능력이 중요한 것은 사실이지만, 누구나 어느 정도 커뮤니케이션 능력을 가져야 한다고, 또 누구나 대화를 많이 해야 한다고 생각하는 것 또한 편견일 수도 있습니다. 문제는 대화에만 있는 것이 아닐 수도 있습니다. 오히려 말을 해서 관계가 더 나빠질 수도 있습니다.

한 여자가 부부 관계에 대해 고민하자 친구는 "진심으로 대화를 해봐"라고 조언했고, 여자는 그동안 쌓였던 남편에 대한 불만을 쏟아냈습니다. 그 얘기를 들은 남편은 화가 나서 결국 부부싸움이 걷잡을 수 없게 되어 현재 이혼의 기로에 서 있다고 합니다.

꼭 좋은 얘기, 나쁜 얘기 미주알고주알 하는 것만이 관계를 푸는 열쇠가 아닙니다. 또한 주변에 있는 모든 사람과 대화가 통해야 한다고 생각하지 않아도 됩니다. 대화가 통하는 사람도 있고 아닌 사람도 있습니다. 대화가 어려운 사람에게는 메일이나 메신저, 또는 오히려 침묵이 나은 경우도 있습니다. 단순히 대화만이 아니라 다양한 방법의 커뮤니케이션을 시도해보세요. 대화가 아니라 때로는 침묵(시간이 약)이 만병통치약이 될 수도 있다는 것도 잊지 맙시다.

Chapter 05

목소리가 크면 이긴다고 믿는 여자

운전하다가 작은 접촉 사고가 나면 먼저 인상 쓰고 뒷목 잡고 나와 '목소리 큰 사람'이 이긴다는 말이 있습니다. 이 말 때문인지는 모르겠지만 많은 사람들이 예상치 못한 상황에 부딪히거나 불리할 경우 목소리부터 크게 하면 이긴다고 믿고 있는 것 같습니다. 화내지 않고 내 의견을 전달하는 방법이 분명 있는데도 말이지요. 정말 말의 내용보다 억양이나 톤이 중요한 것인가 생각해보아야 합니다. 그리고 결론적으로 봤을 때 목소리를 높이는 것이 나에게 유리한지도요.

김여진 (20대 후반, 메이크업 아티스트)

저는 원장님 목소리 때문에 매일 스트레스 받아요.
꼭 집어 말하면 목소리 크기보다는 성격일 수도 있을 것 같아요.
물론 잘못하면 혼나는 것은 당연한 일이지만
사람들 많은 곳에서 목소리가 점점 커지면서
심지어 소리를 지르는 경우가 많아요.
원장님이 목소리를 높이는 것은 싫지만,
보니까 덕분에 자기 뜻대로 되는 일이 많은 게 아닌가 하는 생각도 들고요.
원장님처럼 자주는 아니지만
시기적절하게 목소리를 크게 하는 것은 필요하지 않을까요?

긴급처방

여진 씨의 고민을 듣고 나니 '목소리가 큰 사람이 이긴다'라는 말이 일리가 있어 보이기는 합니다. 하지만 목소리가 큰 사람이 이긴다는 말을 단순히 증명하기 어렵습니다. 왜냐하면 우리에겐 상식이 있고 법이 있기 때문입니다. 이런 것들의 힘이 '목소리' 그 자체보다 크다는 것을 잊어서는 안 됩니다.

TV에서 현장다큐를 보면 범인이 경찰에게 붙잡혔을 때 일단 소리부터 지르고 반항하는 장면을 보게 됩니다. 그럴 때 제3자의 입장에서 보는 우리의 생각은 어떤가요? 정말 목소리가 크면 이기는구나라고 느끼나요? 아니면 어차피 법의 처벌을 받을 텐데 그냥 받아들이는 게 현명하지 않나라는 생각이 드나요? 후자가 정답입니다.

여진 씨의 상담내용을 보면 원장님은 자신보다 뛰어난 사람이니까 원장님의 단점마저 배워야 하는 게 아닌가 생각하시는 듯한데, 이것도 착각입니다. 아무리 장점이 많은 사람도, 뛰어난 사람도 단점이 있기 때문입니다. 따라서 상대의 단점까지 배우면 그 사람만큼밖에 발전할 수 없게 됩니다. 목소리를 높이는 것이 단점이라고 생각되면 배우지 말아야 합니다.

단기적으로 목소리 큰 사람이 이기는 것처럼 보일지는 몰라도 실제로는 그렇지 않습니다. 그러므로 누군가와 트러블이 생기거나 곤경에 처했을 때 이성을 잃지 말고 논리적으로 냉정하게 말하는 것이 훨씬 더 현명한 것임을 간과해서는 안 됩니다. 우리가 '저 사람 말 참 잘한다'라고 할 때는 보통 톤이나 크기가 아닌 '말의 내용'을 전제로 하는 것이니까요.

이 외에도 상대와 의견이 다르거나 거절 의사를 표시할 때 사용할 수 있는 방법이 있습니다. 예를 들어 상대의 제안을 거절하고 싶을 때 정확한 대답을 하지 않는 '태도'로 의사를 표할 수 있습니다. 표정이 더 많은 것을 말해주는 경우도 있지요. 웃으면서 '아니오'라고 대답하는 경우 상대는 '예'라고 해석할 수 있습니다.

이처럼 표정도 의사를 표현하는데 큰 역할을 하는데, 인상을 잔뜩 쓰고 부정적인 이야기를 큰소리로 상대에게 쏟아낸다면 돌이킬 수 없는 상처와 부정적인 이미지를 심어줄 것입니다.

걸핏하면 목소리를 높이는 사람에게 누가 호감을 가질 수 있을까요? 그래서 평소 억양과 톤도 중요합니다. 특히 여자의 경우 말이 빠르거나 목소리 톤이 높은 경우 좋은 이미지를 갖기 어렵습니다. '아줌마의 수다'를 연상시키기 때문입니다.

물론 목소리 자체는 타고납니다. 하지만 말의 속도나 목소리 톤은 얼마든지 노력에 의해서 바꿀 수 있습니다. 예전에 직장 동료 중에 목소리 톤이 높고 말이 빠른 사람이 있었는데, 너무 신경이 쓰여서 항상 이어폰을 끼고 일을 했던 기억이 있습니다. 저뿐만 아니라 다른 동료들도 힘들어했고, 목소리 탓인지 다른 사람과 충돌도 많았습니다.

우리는 남에게 목소리로 이기는 것이 아니라 진짜 실력으로 이겨야 합니다. 물론 기본적으로 자신이 정정당당해야겠죠? 그렇지 않고 단지 목소리가 크다고 이길 수 있다는 착각은 버리는 것이 좋습니다. 정말 그 말을 믿고 목소리를 높이고 있다면 당장 멈추기를 바랍니다. 화내지 않고 내 의사를 표하는 법을 연구해보세요. 목소리를 높이는 이유는 상대를 내가 생각한 대로 움직이는 데 있지, 단순히 화풀이를 하려는 게 아니니까요. 당신은 목소리를 높이지 않아도 이미 대접받고 있다는 사실을 명심하세요.

Chapter 05

커뮤니케이션

박학다식함을 아무 때나 드러내는 여자

'아는 척'하는 것은 비호감으로 비쳐질 수 있다는 것을 누구나 알고 있습니다. 그러나 자신이 아는 것을 말하는 데에 있어서는 다른 사람을 의식하지 않고 거침없이 말하는 사람들을 보게 됩니다. 그리고 주변 사람들이 "아는 게 많네!"라고 합니다. 마치 만물박사라는 칭찬을 듣는 기분일지도 모르겠습니다. 그런데 이렇게 박학다식한 사람이 되는 게 과연 좋을까요? 주변의 사람들을 잘 생각해보세요. 무엇이든 알고 있고 어떤 대화에서도 나보다 많이 알고 있는 지식이 풍부한 여자는 과연 어떤 이미지를 갖고 있을까요?

S.O.S

이현아 (20대 후반, 여행사 근무)

사람들은 여행사에 근무한다고 하면
해외에 대한 지식이 박식하다고 생각해요.
실제 이쪽 일을 하면 여행 자체만이 아니라
각 나라의 전설과 관련된 소설과 영화 그리고 음악도 잘 알게 되고
또 관심도 많아져서 책을 많이 읽게 되지요.
그래서 늘 주변 사람들에게 내가 알고 있는 것을 많이 이야기해줍니다.
그런데 어느 날 남자 후배가 그러더군요.
"선배님 앞에서는 제가 할 말이 없어요. 너무 잘 아시잖아요."
순간 그 말이 칭찬인지 욕인지 헷갈렸고, 분위기가 가라앉았어요.
내가 알고 있는 것을 되도록 많이 얘기하는 것이 문제가 되는 걸까요?

긴급처방

교수가 깨달음을 얻기 위해 스님을 찾아갔다고 합니다. 스님은 교수를 반갑게 맞이하고 차를 내오라고 했답니다. 교수는 스님을 만나기 전부터 만나서 무슨 얘기를 해야 할지 생각이 가득했습니다. 또 차를 내오고 스님이 차를 따를 때까지도 그 생각은 계속 이어졌습니다. 불현듯 스님이 찻잔에 차가 넘치는데도 계속 따르는 것을 보고 번쩍 생각이 들었습니다. 깜짝 놀란 교수가 말했습니다.

"스님, 물이 넘칩니다."

그제야 물 따르기를 멈춘 스님이 말했습니다.

"이렇게 비우지 않고 계속 지식을 넣으면 넘쳐 흐릅니다."

스님은 이미 지식이 꽉 차 있으면 새로운 것이 들어갈 수 없다는 의미를 우회적으로 전한 것이지요. 내가 알고 있는 것이 전부라고 생각하면 위험합니다. 다른 사람의 의견과 새로운 정보를 여과 없이 받아들이기 위해서는 자신의 낡은 생각은 끊임없이 버려야 합니다. 내가 알고 있는 것이 과연 전부인가, 라는 의문을 가져야 합니다. 생각이 많으면 많을수록 다른 사람의 생각을 받아들이기 힘들어지기 때문입니다. 세상은 끊임없이 변하고 있습니다.

속담 중에 '아는 게 힘이다'라는 것이 있죠. 물론 많이 알고 배우면 좋습니다. 현아 씨는 후배에게 박학다식한 사람으로 비쳐졌을 것입니다. 여행과 음악, 영화, 문학 등 두루두루 많이 공부했으니까요.

그런데 아는 것과 표현하는 것은 조금 다른 문제입니다. 자신이 알고 있는 것을 100% 말할 필요는 없습니다. 그것은 상대방에게 자기 자신이 알고 있는 것만이 옳은 것이라고 고집하는 인상을 주게 됩니다.

우리가 대화를 나눌 때 착각하는 것이 있습니다. 대화를 할 때 내가 말을 많이 하면 상대와 잘 통한다고 느끼는 것입니다. 상대도 그렇게 느낄까요? 계속 듣기만 했다면 대화가 통한다고 느낄 리가 없습니다. 아마 이런 이유로 우리가 박학다식한 사람을 대할 때 불편한 느낌이 있는 것인지도 모릅니다. 나아가서는 상대가 일방적으로 나를 가르치려 드나, 하는 생각이 들 수도 있습니다. 그러므로 많이 알고 있는 것과 많이 얘기하는 것은 분리시켜야 합니다.

여행을 많이 다녀서 제법 많이 안다고 하더라도 그건 어디까지나 자신이 보고 느낀 것에 지나지 않습니다. 또 다른 사람은 어떻게 느낄지 모릅니다. 이때 개인적인 경험을 가지고 일반화시키는 실수를 하는 것은 아닌지

한 번 더 생각해보아야 합니다.

그렇다면 언제 자신의 박학다식함을 드러내면 좋을까요? 내가 먼저 아는 척하기 전에 상대방이 물어올 때가 있을 것입니다. 그때는 최선을 다해 알고 있는 정보를 알려주면 상대에게 큰 도움이 될 것입니다. 예를 들어 친구가 "너 저번에 호주 다녀왔다며? 어디 가면 좋을까?"라고 물을 때 말해주는 것은 아는 체하는 것이 아니라 다른 사람에게 유용한 정보를 제공하는 게 되는 것입니다.

내가 알고 있는 지식도 결국엔 남에게 도움이 될 때 진짜 지식이 되는 것입니다. 단순한 호기심 때문에 알게 된 지식은 자기만족이 가장 크니까요. 그렇다면 자기만족으로 남겨두는 것이 현명할 것입니다. 상대방이 묻지도 않았는데 자신의 박학다식함을 드러낼 필요는 없습니다. 정말로 당신의 지식을 필요로 하는 사람이 있을 때 그때 말해주는 것이 현명한 여자일 것입니다.

Solution

음표와 쉼표의 조화를 적절히 활용한다

우리는 인간관계에 문제가 생길 때마다 '대화를 잘하는 것일까?', 혹은 '커뮤니케이션을 잘하는 것일까?' 하는 것을 고민합니다. 대화를 하면 관계의 모든 문제가 해결된다고 생각합니다.

서점에 넘쳐나는 자기계발서에도 '칭찬하라' '긍정적으로 말해라' 등의 내용이 꼭 들어갑니다. 한때 베스트셀러였던 《칭찬은 고래도 춤추게 한다》는 이제 거의 관용구가 되었죠. 책을 읽을 때도 잠시, 덮고 나면 역시 실천이 어렵습니다.

평소에 잘하다가도 결정적 순간에 일이 틀어지면 상대를 비난하게 됩니다. 그리고 자책에 빠집니다. 왜 나는 칭찬을 잘 못하는 부정적인 사람일까, 라고 말입니다. 하지만 이건 단순하게 생각할 것이 아닙니다. 상대방이 듣기 좋아하는 말을 한다고 무조건 관계가 좋아지는 것도 아니니까요. 인간관계에서 커뮤니케이션은 단순하지 않습니다.

우리는 왜 대화를 할까요? 이야기를 주고받으면서 상대의 생각을 알고 내 뜻을 전달하기 위해서입니다. 대화의 목적은 기본적으로 내 뜻을 수용해주고 동의해주길 원하는 마음에서 시작됩니다. 물론 아닌 경우도 있겠지만, 다른 사람이 내 뜻대로 움직여주었으면 하고 바라는 것이 먼저일 것입니다. 하지만 몇 마디 말(긍정적이든 부정적이든)로 상대방을 내 뜻대로 움직이겠다는 것은 욕심일지도 모르겠습니다. 그리고 실제로 나의 말로 다른 사람의 생각을 조정한다는 것은 어려운 일입니다.

레오나르도 디카프리오가 주연한 〈인셉션〉이란 영화가 있습니다. 이 영화의 큰 주제는 내가 원하는 대로 타인의 생각을 조정한다는 것입니다. 그래서 주인공은 거액의 돈을 건넨 의뢰인이 유리한 쪽으로 상황을 만들어내려고 하죠. 영화에서는 이것이 얼마나 힘든 일인지 잘 보여주고 있습니다. 상대방의 무의식 속 생각을 바꾸는데 주인공은 목숨까지 걸게 되죠. 그래서 결국 원하는 대로 상대방의 생각에 새로운 생각을 '인셉션' 하는데 성공합니다.

이렇듯 다른 사람의 생각을 바꾼다는 것이 얼마나 힘든 일인가요? 이런 관점에서 보면 '말'이 차지하는 비중은 크지 않습니다. 커뮤니케이션을 하는데 언어와 비언어가 1:9 비율로 작용한다고 합니다. 언어 외에 비언어(태도, 표정, 목소리 억양과 톤 등)로 전달되는 부분이 훨씬 많은 것입니다. 그래서 '미소'가 중요합니다. 미소가 많은 말을 대신하기 때문입니다.

우리는 이 사실을 간과해서는 안 됩니다. 어떻게 말을 잘하느냐도 중요하지만 어떻게 침묵하느냐도 중요합니다. 음악에서 음표와 쉼표 모두 중요한 것처럼 말입니다. 그래야 음악이 됩니다. 음표만 있고 쉼표가 없다면 좋은 음악이 될 수 없을 것입니다. 어쩌면 세상 모든 일이 마찬가지입니다. 온 힘을 다해 달려가야 하는 순간이 있는가 하면 시간이 흘러가는 대로 상황이 흘러가는 대로 지켜보는 것이 최선의 방법인 순간도 있습니다. 그래서 '침묵'은 금이라고 하는지도 모르겠습니다.

제가 아는 교수님이 미국으로 공부를 하러 가시는데, 먼저 유학을 다녀온 선배가 불러서 조언하기를 '침묵은 금이다'라고 하지만 미국은 다르다고 했다고 합니다. 무조건 말을 많이 하고 아는 척하라고 했다고 합니다. 그런데 미국에서 공부를 하다 보니 '침묵이 금이다'라는 말이 맞는 말이라는 것을 느꼈다고 합니다. 모르는데 아는 척하는 것은 아무 도움이 안 된다는 것이지요. 자기 차례가 왔을 때, 기회가 주어졌을 때 자기 의견을 말하고, 또 기회를 놓치더라도 나중에 말하는 것이 훨씬 도움이 되는 것이라고 했습니다. 침묵의 힘은 '침묵'으로밖에 증명할 수 없으니까요. 말로 증명할 수 있는 것은 고작 '그때 말을 안 해서 더 잘된 것 같아' 정도입니다.

커뮤니케이션을 잘하려면 '말을 잘해야 한다'고 생각하는 사람이 많습니다. 하지만 단순히 말을 잘하는 사람에게 상대는 정말 마음이 통한다거나 대화가 통한다고 느끼기 어렵습니다. 왜냐하면 그런 사람들은 말을 잘하기 위해 신경을 쓰고 있기 때문에 다른 사람의 생각을 듣기 어렵기 때문

입니다.

　자기 말만 하고 상대를 자주 비난하는 사람은 자기 잘못을 스스로 깨닫기 참 어렵습니다. 상대방이 적극적으로 피드백을 해주지 않기 때문입니다. 우리는 듣기 싫은 이야기를 하는 사람이 있으면 피하고 맙니다. 당신의 커뮤니케이션 방법은 잘못되었다고 말해주지 않습니다. 그런 말을 해줄 수 있는 사람은 친한 친구나 가족 정도인데, 그들도 자주 말해줄 수는 없습니다. 자신은 어떤 사람인가 생각해봅시다.

　경청과 침묵도 대화의 한 방법입니다. 음표만으로는 훌륭한 음악이 될 수 없습니다. 소리의 예술이라는 음악도 음표와 쉼표의 조화로 이루어집니다.

GARDEN

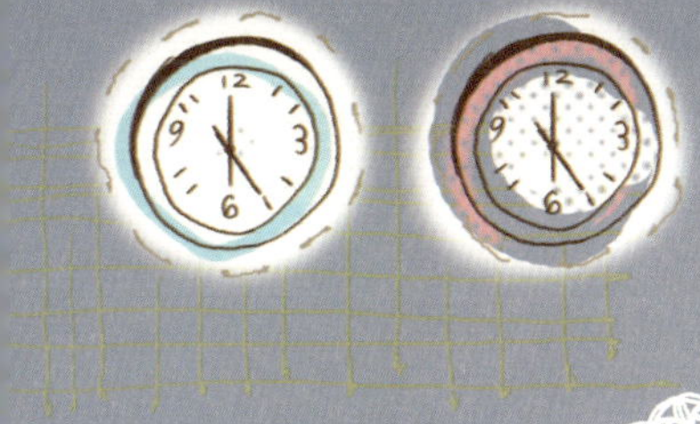

Chapter 06

생활

Chapter 06

해외여행을 자주 다니는 여자

친구의 미니홈피를 보니까 이탈리아에서 찍은 사진이 올라와 있습니다. 사진만 봐도 가슴이 설렙니다. 나도 여행을 가고 싶지만 주머니 사정이 넉넉지 않습니다. 하지만 1년에 한 번 정도는 해외여행 가는 게 일에서 오는 스트레스를 풀고, 견문을 넓히기에도 좋다는 생각이 듭니다. 주변을 봐도 친구는 여름휴가 때 방콕에 간다고 하고, 상사는 추석 때 휴가를 몰아 써서 호주를 다녀온다고 합니다. 왠지 나만 해외에 안 나가는 것 같고 대화에서도 밀리는 것 같고 고민이 많이 됩니다. 여러모로 해외여행을 안 가면 뒤처지는 여자가 되는 것 같습니다. 젊어서 고생은 사서도 한다고 하는데 무리를 해서라도 해외여행을 가는 게 좋을까요?

S.O.S

한지희 (30대 중반, 잡지사 근무)

추석이 6개월이나 남았지만
벌써 추석 연휴에 어디로 여행을 갈지 고민중이에요.
설날 연휴에는 무리를 해서 파리를 다녀왔어요.
비용은 많이 들었지만 그만큼 얻은 게 있다고 생각해요.
말로만 듣던 명화들을 본 것도 좋았고
에펠탑에 올라가서 내려다보던 해질 무렵의 파리 시내는
평생 잊지 못할 풍경이었어요.
요즘 세상에 대학생 때 어학연수 갔다 오는 것이 필수듯
직장생활하면서 해외여행하는 것도 필수라는 생각도 들어요.
고민되는 것은 지난번 여행에 다녀온 것도
아직 카드 할부로 갚고 있는데 또 가려니 부담되네요.

《진화심리학》이라는 책을 보면 '왜 미혼 여성이 미혼 남성보다 해외여행을 많이 가는가?'에 대한 설명이 있습니다. 주변을 봐도 이 말은 맞는 것 같습니다. 미혼인 여자들은 혼자서도 가고, 친한 친구 혹은 단체로 해외여행을 가는 경우가 많습니다만 남자들은 혼자서 여행을 가는 경우도 드물고 남자 둘이 여행을 가는 경우도 드물고 더더욱 남자들끼리 단체로 여행을 가는 경우도 드문 것 같습니다.

그 이유는 무엇일까요? 이 현상은 한국에만 국한된 것이 아닙니다. 만약 남자들이 해외여행을 간다면 여자친구 또는 부인과 가는 경우가 많습니다.

《진화 심리학》에서는 그 이유를 이렇게 설명하고 있습니다. 여자의 경우는 자신의 몸 자체로 권위를 나타내기 때문에 세계 어느 곳에 가도 심리적으로 위축되지 않습니다. 하지만 남자들은 소유물로 권위를 표시한다고 합니다.

그래서 남자들은 핸드폰이나 차 열쇠 등을 테이블 위에 올려놓거나 남에게 잘 보이게 함으로써 무의식적으로 자신의 권위를 보이려고 합니다. 그런데 해외라는 낯선 곳에 가면 무엇이 자신의 권위를 표시하게 되는 것인지 몰라 당황하기 때문에 가기를 꺼린다고 합니다. 물론 이런 설명이 모든 것을 설명해 줄 수는 없겠지만요.

얼마 전에 개봉한 영화 〈먹고 기도하고 사랑하라〉를 보면 이혼한 여주인공이 '이탈리아', '인도', '발리' 순서대로 여행을 하며 깨달음을 얻는 과정이 나옵니다. 여행지도 여자들이 참 좋아하는 곳인 것 같았습니다. 물론 무엇보다 중요한 건 여주인공의 자아 찾기였지요. 이렇듯 영화에서는 훌쩍 여행을 떠나지만 현실적으로 똑같이 이탈리아, 인도, 발리로 여행을 떠난다면 비용이 얼마나 들까요?

가끔 몇 년 동안 일한 회사에서 나와 퇴직금으로 여행을 떠나 재충전을 한다는 분도 보게 됩니다. 개인의 결정이라 존중합니다만 가장 좋은 방법은 그만큼 비용을 안 쓰고 재충전을 한다면 더 좋지 않을까 싶습니다.

요지는 여행의 목적을 조금 더 분명히 하자는 것입니다. 여행은 견문을 넓히고 스스로를 돌아보게 하는 계기가 됩니다. 그러나 여행에 인생을 걸 정도로 무게를 둘 필요는 없습니다.

어떤 분은 해외여행을 한번 갔다 오면 자신의 가치관이 바뀌고, 인생이 바뀌고, 심지어 여행지에서 새로운 남자친구를 사귀게 될지도 모른다는 기대감을 갖고 있습니다.

기대가 크면 클수록 여행이 끝나고 현실로 돌아왔을 때의 허무함은 더욱 큽니다. 표면적으로는 아무것도 바뀐 것이 없어 보이니까요.

여행에서 얻은 자신감과 용기가 초반에는 꽤 효과가 있는 듯 보입니다. 그러나 현실로 돌아와 일상을 반복하다 보면 예전과 비슷해집니다. 그래서 또 견딜 수 없는 지경에 이르면 여행을 다시 결심하죠. 그래서 여행을 또 가면 다시 현실에서 벗어나고 새로운 환경에서 용기를 얻었다고 생각합니다. 어떻게 보면 조금 커진 쳇바퀴를 돌게 되는 것이지요.

대화를 하다 보면 간혹 해외여행이 화제가 되는 경우가 있는데, 그때 할 말이 없다고 해서 열등의식을 느낄 필요는 없습니다. 해외여행만으로 견문이 넓어지는 것이 아니라 자신이 원래 갖고 있는 그릇의 크기가 중요합니다. 평생 해외여행 한 번도 가보지 못한 노인이라고 해서 세상을 이해하는 방식이 편협한 것이 아닙니다.

인생은 여행으로 인해서 극적으로 바뀌는 것이 아니라 마음의 수련을 통해 바뀌는 것입니다. 아는 만큼 보인다고 합니다. 사전지식 없이 해외여행을 하면 보이는 것이 아무래도 한정적일 수밖에 없습니다. '열심히 일한 당신 떠나라'라고 합니다.

이 말대로 여행은 자신에게 주는 작은 상입니다. 여행은 100% 즐길 수 있을 때 자신에게 도움이 되는 것입니다. 따라서 경제적으로 무리하면서까지 해외여행을 가기보다는 다른 선택의 여지가 있는 것은 아닌지에 대해 생각해보도록 합시다.

Chapter 06

청소나 정리정돈을 게을리하는 여자

 주변 정리정돈이 잘된 여자가 이미지가 좋은 것은 사실입니다. 그런데 많은 여자들이 정리정돈이 어렵다고 합니다. 더 나아가서 청소 따위는 시간 낭비라고 생각하는 여자들도 있는 것 같습니다. 청소할 시간이 있으면 다른 것에 투자하는 것이 자신에게 더 도움이 된다고 느끼는 것입니다.

 깔끔한 이미지를 심어주기 위해서는 청소와 정리정돈을 어떻게 해야 할까요? 청소와 정리정돈을 하는 이유가 단순히 주변 사람들에게 깔끔한 이미지를 주기 위함일까요? 또 남에게 내가 깔끔한 여자라는 이미지를 주는 것은 어떤 점이 좋을까요?

S.O.S

이재원(30대 중반, 프리랜서 디자이너)

저는 집에서 주로 일해요.
그러다 보니 따로 집안을 치울 시간이 없어요.
귀찮기도 하고 또 그럴 시간이 있으면
조금이라도 작업을 더 하는 데 시간을 쓰는 것이 현명하다는 생각이 들어요.
청소는 가끔 반찬을 갖고 오시는 어머니가 해주는 게 거의 전부예요.
그때마다 어머니의 잔소리가 한바탕 쏟아지기는 하지만,
청소 같은 건 안 하고 살아도 사는 데 큰 지장 없고
굳이 청소에 시간을 쓸 필요가 없다고 생각해요.

청소와 정리정돈을 잘하는 것과 못하는 것, 단순히 성격의 차이일까요? 아니면 누구나 노력하면 할 수 있는 것일까요?

정리정돈을 잘하는 것은 큰 장점입니다. 그러나 그렇지 못한 여자들이 많은 것이 사실입니다. 회사 책상을 보면 책상 주인의 성격이 한눈에 들어옵니다. 반듯하고 깨끗하게 정돈된 책상이 있는가 하면, 몇 년째 쌓여있는 서류 위에 먼지가 소복한 책상도 있습니다. 정리정돈을 안 하는 또는 못하는 여자들은 이런 생각을 합니다.

'나도 마음만 먹으면 잘 치워.'

'청소하는 데 시간을 할애하기는 아까워. 그 시간에 난 좀 더 생산적인 일을 하고 싶어.'

정리정돈에는 잡일 이상의 의미가 있습니다. 주변을 잘 정리하고 사는 사람이 정리정돈도 잘합니다. 정리정돈은 잘 못하면서 다른 정리는 잘하고 산다는 것은 착각입니다. 그래서 어머니들은 아이가 어릴 때부터 '쓰던 물건은 제자리에 놔라', '옷은 제자리에 걸어라', '방을 깨끗이 써라'라고 가르치지요. 이것은 단순히 어머니가 가사 노동을 덜기 위한 것이 아니라, 자신의 주변 정리를 하는 데는 큰 의미가 있기 때문입니다. 물건을 잘 정리하는 사람은 마음 정리도 잘합니다.

가끔 TV를 보면 집을 쓰레기 더미처럼 만들고 사는 사람이 나오는데, 그 사람들은 하나같이 정신적으로도 문제가 있습니다. 남들이 보기에는 쓰레기지만, 자신에게는 없으면 안 되는 의미를 가진 물건이라는 것입니다.

정리정돈은 마음을 정리하는 것과 같은 효과를 나타냅니다. 남에게 깨끗하게 보이기 위해 청소를 하는 것이 아니죠. 실제 저도 얼마 전까지 정리정돈을 잘 못하는 사람이었습니다. 회사 책상은 항상 정신없이 너저분해서 회사에서 가장 지저분한 책상이 누구 것이냐고 하면 모두 저를 지목할 정도였습니다. 하지만 저는 그 와중에도 '나는 일을 잘하니까 괜찮아!' 하면서 자만심이 하늘을 찔렀습니다. 책상은 지저분해도 일만 잘하면 된다고 생각했으니까요. 물론 회사 책상뿐만이 아니었습니다. 방은 물론이고 옷방은 누가 와서 볼까 무서울 정도였습니다.

그러던 어느 날, 한계를 느끼고 정리정돈을 잘하는 일본어 선생님께 이렇게 여쭈어봤습니다.

"정리정돈을 잘하려면 어떻게 해야 하나요?"

"버리세요."

"무엇을 어떻게 버려야 되나요?"

"쓰지 않는 걸 버리면 됩니다."

저는 그 말을 듣고 실제 '버리기'를 시작하는 순간 자연스럽게 정리정돈이 되는 걸 느꼈습니다. 정리정돈에 재주가 없었던 것이 아니라 '버리기'를 못했던 것이지요. 오랜만에 집과 회사를 대청소하면서 물건만이 아니라 머릿속의 생각들도 정리정돈을 못해서 늘 머릿속이 복잡했었다는 걸 깨닫게 되었습니다. 끝나고 나니 머릿속도 정리되었습니다.

청소하면서 사람이 살면서 필요한 물건이란 게 그렇게 많지 않구나라는 생각도 들었습니다. 특히 여자들은 옷, 가방, 신발, 액세서리가 많이 필요하다고 느끼는데 아무리 많이 사도 자주 하는 것만 하게 되고 보관에도 한계가 있을 수밖에 없습니다. 입지 않는 옷이나 쓰지 않는 물건을 쌓아두면 장소만 차지하여 오히려 자주 쓰는 물건을 정리정돈하고 찾는 데 피해를 입습니다.

깨끗해진 나만의 공간들을 보니 "여자 방이 이게 뭐냐?"라고 늘 잔소리하는 엄마의 마음이 이해되었습니다. 내 공간이 지저분하다는 것은 단순히 정리정돈을 못하는 것이 아니라, 마음 상태가 그대로 드러나기 때문에 보기 안 좋습니다. 나는 깔끔한 사람이라고 백번 설명하는 것보다 깔끔한 방을 한번 보여주는 것이 좋은 이미지를 심어주기에 효과적일 것입니다.

정리정돈이 인생에 도움이 안 된다거나 혹은 그런 것으로 시간을 뺏기고 싶지 않다고 생각한다면 그만큼 정리되지 않은 인생을 보내고 있다고 봐도 과언이 아닐 것입니다. 살아가는 데 있어서 주변 정리를 잘하는 것은 여자로서 반드시 갖추어야 할 능력 중 하나입니다.

Chapter 06

한 가지 요리도 못하는 여자

　요즘 인식은 많이 변했지만, 아직도 '요리'는 여자의 몫으로 남겨지는 경우가 많습니다. 미혼 남성이 배우자 상을 꼽을 때 '요리를 잘했으면 좋겠다' 라는 멘트가 단골로 나오니까요. 여기저기서 이런 얘기를 들으면 왠지 나도 요리를 잘해야 될 것 같고, 그렇지 못하면 여자로서 매력이 없어 보이는 것은 아닌지 고민되기도 합니다.

　하지만 자취를 하지 않는 이상, 요리하는 법을 제대로 배운 적도 없고 집에서는 어머니가 밥을 해주시기 때문에 요리할 기회도 좀처럼 없습니다. 요리학원을 다녀볼까, 라는 생각도 들지만 집에서 먹는 밥을 꼭 요리학원에 다니면서 해 먹어야 하는가라는 생각이 들어 망설여지기도 합니다. 여자에게 요리란 어떤 의미일까요?

S.O.S

강지민 (30대 중반, 과외선생님)

저는 요리를 잘 못해요.
국수를 삶아도 퍼지는 건 기본이고,
볶음밥을 해도 비빔밥과 차이가 없고,
카레를 하면 감자가 제대로 익지 않아요.
오히려 설거지하는 게 더 편해요.
하지만 이제 결혼 적령기라 걱정되는 게 사실이에요.
요리 학원을 다녀볼까도 생각했지만
주부들을 대상으로 해서 그런지
낮에 하는 코스가 많아서 좀처럼 시간 내서 배우기도 어렵네요.

긴급처방

왜 사회는 여자에게 요리를 잘해야 한다고 기대할까요? 여자들 사이에서도 누가 요리를 잘한다더라 하면 다시 보게 되기도 합니다. 그러면 옆에 있는 여자들은 "나도 요리 배우고 싶다"라고 합니다.

요리가 더욱더 큰 힘을 발휘할 때가 있습니다. 남자친구에게 맛있는 요리를 선보이면 여성스러움이 어떤 스킬보다 잘 어필되지요. 단순히 이 경우만이 아니라 결혼해서도 특별한 날에 남편이 좋아하는 요리를 하면 분위기가 화기애애해집니다. 이렇듯 요리와 여자는 밀접한 관계에 있는 것이 사실입니다. 그럼에도 불구하고 요리에 자신이 없다면 고민될 것입니다.

먼저 왜 여자는 요리를 배워야 하는가에 대해 생각해보아야 합니다. 여자가 요리를 배우는 이유는 생존을 위해서입니다. 결혼을 해 가정을 꾸리면 여자는 단순히 자신이 먹는 것만이 아니라 가족의 먹을거리를 책임지고 있는 위치가 됩니다. 단순히 요리뿐만이 아닙니다.

==아기가 태어나면 엄마의 모유를 먹게 됩니다. 아기는 세상에 나오자마자 요리가 아닌 엄마의 신체의 일부분을 빨아 모유를 공급받고, 엄마는 아기에게 주기적으로 모유를 제공하는 첫 경험을 하게 됩니다. 여자는 본능적으로 가족의 먹을거리를 책임지는 위치에 놓이게 되었다는 것을 깨닫게 됩니다.==

==그래서 어머니는 가족들이 외출했다가 들어오면 밥을 먹었는지 꼭 묻습니다. 자식의 생존을 위해 오랜 시간 먹는 것을 책임졌었기 때문입니다. 이렇듯 요리는 단순히 솜씨를 자랑하기 위해서가 아니라 생존을 위해서 필요한 능력인 것입니다.==

요즘은 외식 문화도 많이 발달되어 있고, 3분 요리나 라면도 많이 나와 있지만, 아직도 가족 전체의 먹을거리를 책임지는 일은 당연히 어머니(여자) 몫입니다. 이른바 냉장고를 채워놓는 일은 여자의 일입니다. 아무리 남편이 알아서 챙겨 먹는다고 해도 먹을거리 관리는 당연히 아내의 책임입니다.

이런 입장에서 본다면 먹을거리는 '요리를 잘하느냐 못하느냐'의 단순한 문제가 아니라 어떻게 관리하고 운영하느냐의 문제가 되는 것입니다. 따라서 요리를 잘 못하더라도 먹을 수 있는 요리를 잘 사 오는 것도 중요합니다. 집에서 먹는 것과 외식의 비율을 어떻게 나눌 것인가, 돼지고기가 갑자기 가격이 올랐다면 절약하기 위해 닭고기로 대체한다든가 하는 운영의 지혜도 필요합니다.

만약 요리를 잘 못한다면 모든 요리를 잘하려고 하지 말고, 간단하면서도 자신이 가장 잘할 수 있는 요리 한 가지 정도는 연습해두는 것이 좋습니다. 거창할 필요도 없고 누구나 쉽게 먹을 수 있는 요리면 됩니다. 한두 개씩 잘하는 요리를 늘려가면 됩니다. 요리를 못한다고 겁먹거나 포기하지 않는 것이 중요합니다. 요리는 가정에서 생존을 위해 꼭 누군가가 책임져야 하는 것이므로 자신의 일이라는 자부심과 책임감이 필요합니다. 단순히 요리를 잘하고 못하고를 떠나 가족의 먹을거리를 관리하는 사람으로서의 의식이 필요할 것입니다.

Chapter 06

미인은 늦는 거라고 믿는 여자

흔히 듣는 말이 있죠.

"미인은 원래 늦는다. 데이트할 때 일부러 5분이나 10분은 늦게 나가야 한다."

언제 이런 말이 생겼는지 모르지만, 오래전부터 연애의 불문율인 것처럼 전해져오고 있죠. 이 말의 사실 여부를 떠나서 데이트 약속에 여자가 조금 늦는 것은 당연한 일처럼 받아들입니다. 여자는 준비할 것도 많고 치장할 것도 많다는 것을 암묵적으로 서로 알고 있기 때문이죠. 그래서 남자도 여자가 늦는 것에 대해서는 관대하게 이해하고 또 늦은 여자들도 당당합니다. '미인은 5분 정도 늦는 게 예의'라며 말이죠. 그렇다면 약속 시간에 일찍 가면 미인이 아니라는 뜻이 될까요?

S.O.S

백혜원 (20대 중반, 화장품 회사 근무 중)

미인은 약속 시간에 좀 늦을 수 있다고 생각해요.
그래서 저는 데이트 시간에 일부러 조금 늦게 나가고,
남자가 기다려주는지 아닌지를 보면서 테스트해요.
그런데 이번에 만나는 남자는 꼭 약속 시간에 30분 정도는 우습게 늦어요.
매번 늦는 남자 때문에 짜증이 나서 생각해보니,
저는 데이트뿐만 아니라 다른 약속 시간에도 다 늦는 편이었어요.
한번은 기차를 놓쳤던 적도 있었고요.

'빨리빨리'라는 국민성과는 대조적이지만, 과거 '코리언 타임'이라고 해서 약속보다 30분 늦는 것이 한국인의 습관이란 말도 있었습니다. 회사 바이어와의 약속, 기차 시간 등과 같이 시간을 정확히 맞춰야 되는 경우가 아니라면 조금 늦어도 된다고 생각하는 의식이 바닥에 깔려있습니다.

특히 약속을 잘 지킨다는 일본에서 오랫동안 생활하면서 느낀 점이 있습니다. 일본은 출근 체크 시스템이 잘되어 있습니다. 지각을 하면 그만큼 월급을 깎습니다. 야근을 하면 야근 수당을 주는 것처럼 지각을 하면 늦게 온 만큼 깎는 것이지요.

하지만 예외의 경우가 있습니다. 전철이 지연되어 늦은 경우에는 역에서 발행하는 '지연증명서'를 받아 제출하면 지각 처리를 하지 않습니다. 그런데 아침에는 대부분이 러시아워로 인해 전철이 지연되는 경우가 많으므로 거의 매일 '지연증명서'는 발행됩니다. 그런데 매분마다 지연증명서를 발행할 수 없으니 1~2분이 늦어도 15분 정도의 지연증명서를 발행해줍니다.

여기서 감이 잡히시죠? 역으로 이걸 노릴 수가 있습니다. 본인이 5~10분 정도 늦어도 15분 연착되었다는 지연증명서가 있으면 지각 처리가 되지 않습니다. 실제 이것을 노리고 지각하는 사람은 없지만, 어쩌다가 출근시간에 좀 늦게 될 때는 이 지연증명서가 유용하다는 것이지요.

이렇게 보면 어떤 시스템도 인간의 본능을 철저하게 관리할 수는 없는 것 같습니다. 약속시간에 맞추기 위해 노력하는 것은 국민성이 아닌 개인의 준비성 문제입니다. 따라서 어떤 약속이든 시간을 잘 지켜야 합니다. 시간을 잘 맞춰서 다니는 사람과 그렇지 않은 사람은 노력의 정도가 다르니까요.

데이트에 늦는 사람은 출근 시간, 기차 시간, 거래처와의 약속 시간 등 모든 약속에 늦는 경향이 있습니다.

만약 불가피하게 늦을 경우에는 상대에게 연락을 미리 해주는 것이 예의입니다. 실제로 약속 시간에 늦을 경우 현재 상태를 두 번 정도 연락해주면 상대방이 기분 나빠하지 않는다는 연구 결과가 있다고 합니다. 대부분 기다리는 사람은 왜 늦는지도 모르고 기다리면 불쾌할 수도 있으므로 "미안해. 갑자기 일이 생겨서 10분 정도 늦을 것 같아"라고 한 후에 도착하기 전에 다시 한 번 "거의 다 왔어"라고 연락하는 것이 좋습니다.

데이트에 여자가 조금 늦을 수는 있지만 연락도 없이 늦는 것은 예의가 아닙니다. 본인이 약속 시간에 늦으면 꼭 미리 연락을 해주도록 합시다. 상대가 남자친구든 여자친구든 혹은 직장 상사든 거래처 사람이든 누구라도 약속 시간에 늦게 되면 미리 연락하는 것이 예의입니다.

가장 좋은 방법은 약속시간을 잘 맞추는 것입니다. 그러기 위해서는 지금보다 조금 더 부지런하고, 더 많은 경우의 상황을 생각해야 합니다. 주말의 경우에는 길이 막힐 것을 대비해 조금 더 일찍 출발해야 하는 것은 당연한 것입니다.

미인은 좀 늦어도 괜찮아, 라는 안일한 생각은 버리고 여유 있게 약속장소에 도착합시다. 이러한 노력은 주변 사람들에게도 좋은 인상을 주고 내 일상생활에도 도움이 될 것입니다. 늘 시간에 쫓겨 아등바등하지 말고 여유 있게 생활하는 습관을 들이도록 합시다. 미인도 지각했을 때 용서되는 범위가 있을 것입니다. 연락도 없이 매번 늦는다면 세상 어떤 미인이라도 외면당할 것입니다.

Chapter 06 생활

돈에 관심이 없는 게 순수하다고 믿는 여자

세상에는 늘 두 가지 이야기가 공존합니다. 어려운 환경에서도 돈을 많이 벌어 부자가 된 사람의 성공 스토리와 자신의 부는 축적하지 않고 어려운 사람을 돕는 박애 정신의 스토리, 이 두 이야기를 접할 때마다 '돈' 자체가 중요한 것이 아니라 그 사람의 노력, 즉 '근성'이 중요하다고들 말합니다. 그래서 세상에는 돈보다 중요한 게 많다는 결론을 내립니다.

이 밖에 '돈을 밝힌다', '속물이다', '사람이 돈 맛을 보더니 달라졌다' 등등 돈에 관심을 가지면 마치 순수함을 잃은 것처럼 얘기하는 경우가 많습니다. 그리고 여자가 돈에 대해서 노골적으로 얘기하면 더더욱 '속물'이 되는 것 같습니다. 과연 돈에 관심이 없는 게 순수한 여자인 걸까요?

 S.O.S

박서령 (30대 초반, 회사원)

저는 사람들이 너무 돈에만 집착하고 있다는 생각이 들어요.
직장 이야기를 할 때면 연봉이 얼마인지를,
결혼을 했거나 결혼을 앞둔 친구들은 모이면
아파트 시세 이야기를 자주 해요.
그리고 연일 신문에서는 연예인들의 수입과 부수입에 대해서 나와요.
주식이야기, 환율이야기 등 세상은 온통 돈이야기로만 가득한 것 같아요.
세상에는 돈보다 중요한 것이 많다고 봐요.
저는 순수한 마음을 가지고 있고 또 그런 사람이 좋다고 생각해요.

긴급처방

우리에겐 은근히 이야기하면 재미있지만 노골적으로 얘기하면 천박해 보이는 소재들이 몇 가지 있습니다. 성(性)과 돈 이야기입니다. 그래서 로맨스 영화는 아름답다고 말하지만 포르노는 비난받습니다. 남녀의 사랑과 성을 다루었다는 점은 같지만, 얼마나 노골적이냐에 따라 그 평가는 달라집니다.

마찬가지로 돈도 그렇습니다. 럭셔리한 옷을 입고, 외제차를 타고, 대저택에 사는 그 자체를 볼 때는 부러워하지만 막상 그런 사람이 직접적으로 돈 이야기를 하면 '돈만 아는 사람'이라며 경멸하게 됩니다.

그러나 이 두 가지는 인생에 있어서 필수요소입니다. 성이 없다면 우리는 이 세상에 태어날 수도 없었고 또 결혼이란 것도 성립되지 않을 것입니다. 돈도 마찬가지입니다. 우리는 돈 없이 살아갈 수 없습니다. 그래서 인간은 어떤 측면에서 성의 노예, 돈의 노예입니다.

그렇다면 성에 관심이 없고 돈에 관심이 없다는 건 과연 순수한 것일까요? 생존이 달린 이 두 가지에 대해 전혀 관심 없다고, 다른 사람을 속물 취급할 만큼 우월하다고 말할 수 있는가, 라는 것입니다. 하지만 아이러니하게도 사회는 여자가 이 두 가지에 대해 잘 몰라도 된다는 분위기를 조성하고 있습니다. 내 여자만큼은 정숙한 여자이길 바라고, 여자가 돈 때문에 남자의 기를 죽이거나 잔소리하는 것을 긍정적으로 생각하지 않으니까요.

그렇다고 여자들이 이 두 가지에 대해서 모른다는 것은 말도 안 됩니다. 성에 대해서도 돈에 대해서도 여자들은 얼마든지 알려면 알 수 있습니다. 그리고 여자들끼리 정보도 공유합니다. 하지만 잘 모르는 사람 앞에서, 특히 남자 앞에서는 말하는 것이 꺼려져 모르는 척하게 됩니다.

가끔 돈에 관심 없다는 여자를 보게 됩니다. 그녀는 남자를 고를 때도 돈이 중요한 게 아니라 사람 됨됨이가 중요하다고 합니다. 물론 이 말은 상당히 일리 있게 들리고 멋있게 보입니다. 그러나 이것은 말에서 끝나는 것이 좋습니다. 우리는 돈에 관심을 갖지 않고 살아갈 수 없기 때문입니다. 다만 그 관심의 깊이가 다를 수는 있습니다. 무일푼 상태가 계속되는데 돈에 관심이 없다는 건 말이 안 됩니다.

자신의 수입이 정확히 얼마인지 파악하고 있어야 하고, 한 달에 얼마나 쓰고 얼마나 저축할 것인지에 대해 계획이 있어야 합니다. 가끔 자신의 능력에 비해 연봉이 적다고 불평불만하는 여자들이 있는데, 그렇다면 원하는 연봉을 받도록 노력해야 합니다. 그 노력이란 일을 더 열심히 하는 것에 그

치는 것이 아니라, 정당한 연봉을 받을 수 있는 회사를 알아본다든가 전직을 한다든가 하는 것도 필요합니다.

남자를 볼 때도 마찬가지입니다. 대놓고 남자한테 경제적인 능력이 얼마나 되는지 물어보면 상대방은 기분 나빠할 것입니다. 그렇다고 남자의 수입은 전혀 상관없다며 백수지만 성격이 좋다고 결혼하는 극단적인 선택은 하지 않았으면 합니다.

비전 있고 인간관계가 원만한 남자라면 당연히 사회적으로 인정받고 보상받을 것입니다. 능력 있고 연봉 높은 남자에게 더 가치를 두는 것은 속물이라서가 아니라 여자로서 갖는 자연스러운 기준입니다. 맞벌이 가정도 많지만 아직도 남자는 경제적으로 가정을 평생 책임져야 하기 때문입니다. 그런데 경제적인 요건을 무시한 채 남자를 고르는 것은 순수한 것이 아니라 멍청한 것입니다.

물론 세상에는 돈보다 가치 있는 것들이 많습니다. 그러나 돈과 무관한 것은 없습니다. 사랑을 할 때도, 봉사활동을 할 때도 돈이 필요합니다. 돈을 안 주고받는다는 것은 돈만큼의 무언가를 주고받는다는 뜻이 됩니다. 그런데도 자신은 돈을 모르고 순수하다고 생각하는 것은 자신의 인생에서도 그만큼 방관하고 있다는 것을 의미할 수 있습니다.

자신의 수입과 그 수입으로 세워야 할 계획 그리고 결혼 가능성이 있는 남자의 재정상태 파악 등은 드러내놓고 할 필요는 없어도 꼭 해야 할 일입니다. 그 자체를 부정하고 자신이 순수하다고 믿는 것은 자기기만이나 위선입니다. 돈이 전부라고 숭배할 필요도 없지만 또 너무 하찮게 보면 돈도 나를 하찮게 봐서 돈이 모이지 않을 수도 있습니다. 돈에 대해서 객관적 시각을 갖도록 합시다.

Solution

생활은 균형과 규칙이 필요하다

우리는 어렸을 때부터 '일찍 자고 일찍 일어나는 규칙적인 생활'에 대해서 교육을 받아왔습니다. 제가 어린 시절에는 TV에서 9시가 되면 어린이는 잠자리에 들라는 공익광고가 나왔고, 그즈음이면 부모님은 얼른 자게 하셨습니다.

그러나 사춘기가 지나면서부터는 자유, 일탈 등이 굉장히 멋있게 보입니다. 성인이 되면 그동안의 제약이 없어지면서 더욱 자유로운 생활을 할 수 있게 되어 규칙적인 생활은 지루하고 답답하게 느껴집니다.

하지만 규칙적이고 바른 일상생활은 굉장히 중요합니다. 요즘 연예인들과 유명인들의 자살을 자주 접합니다. 평범한 우리들이 보기에는 남부러울 것 없는 그들이 이해가 안 되기도 합니다. 돈도 명예도 모두 가진 그들이 왜 죽음을 택했을까, 라고 말이죠.

그래서 쉽게 대두되는 것이 우울증입니다. '우울증'이란 단어를 들으면 모든 여자들은 자신의 상태를 의심해보게 됩니다. 갑자기 기분이 우울해지는 것이 혹시 나도 우울증이 아닐까, 얼마 전 남자친구와 헤어졌는데 우울증에 걸린 것은 아닐까, 왠지 우울한 마음이 조금만 들어도 의심스러워집니다.

마음의 병이란 건 참 무섭습니다. 돈으로 해결될 수 있는 문제가 아니니까요. 그런데 우울증은 단순히 마음의 병으로 끝나지 않습니다. 마음의 병이 제일 먼저 파괴시키는 것은 일상생활입니다.

인간의 본능 중 하나인 식욕이 없어집니다. 또는 과잉이 됩니다. 그래서 몇 끼니를 걸러도 배고픔을 느끼지 못하거나, 먹어도 먹어도 정서적 허기가 채워지지 않아 폭식이 계속됩니다. 이 상태는 심각한 수준이라고 봐야 합니다. 일상생활이 붕괴되는 시점이니까요.

이런 측면에서 규칙적인 생활은 중요합니다. 하루 세 끼 밥을 먹고 잠을 푹 자고 하는 것들이 몸을 건강하게 하는 것뿐만 아니라 마음까지 건강하게 하니까요.

규칙적인 일상생활에서 소소한 즐거움을 찾아보세요. 회사에서 점심시간에 동료들과 수다를 떤다든가, 퇴근 후 친구들과 가끔 가볍게 맥주 한잔하면서 스트레스를 푸는 일 등을 통해서 말이죠. 새로운 취미생활을 만드는 것도 좋고요.

괴로움과 즐거움이 모두 일상생활 속에 존재하고, 해소될 수 있어야 합니다. 계속 엉뚱한 곳으로 눈을 돌리면 현실 도피로 이어져 알코올 중독, 무리한 해외여행, 명품 쇼핑 중독이 될 수도 있습니다.

규칙적인 일상생활과 더불어 중요한 것이 생활의 균형입니다. 가끔 워커홀릭인가 싶을 정도로 일에 빠져 있는 여자를 봅니다. 워커홀릭이 무서운 것은 잘못된 것을 알아차리기 어렵다는 것입니다. 자기가 하는 일에 최선을 다하는 것처럼 보이고 주변 사람들의 평가도 좋아지기 때문입니다. 그리고 승진도 남보다 빠릅니다.

이렇게 일에서 인정받게 되면 점점 더 워커홀릭이 심해집니다. 그러면 일상생활에 쓰는 시간이 줄어들고 청소나 요리를 하는 시간이 불필요하게 느껴집니다.

하지만 너저분한 방을 보며 스트레스를 받고요, 이럴 땐 일하는 시간을 좀 줄이고 청소, 요리, 취미생활 등 공적인 시간과 사적인 시간이 균형을 이루도록 해야 합니다.

일에 모든 시간을 할애한다고 해서 효율성이 높아지는 것은 아닙니다. 또한 청소나 요리를 할 때 완벽하게 하려고 스트레스 받을 필요도 없습니다. 청소나 요리는 우리의 일상생활을 하는 데 필요한 기본적인 활동이니만큼 많은 시간을 할애할 필요는 없습니다.

생활이 정상적으로 유지되기 위해서는 많은 활동들이 필요한데 반드시 균형이 이루어져야 합니다. 밤마다 술 마시고 택시를 타고 늦게 귀가하는 생활, 일에 미쳐 하루가 멀다 하고 야근하는 생활, 요리를 한 가지도 할

줄 몰라 배달 음식만으로 끼니를 해결하는 생활 등은 모두 일상생활에서 지켜야 하는 규칙과 조화가 깨진 것에서 왔다고 볼 수 있습니다.

  일상생활이 무너져버리면 아무리 돈을 많이 벌고 명예가 있다고 해도 행복할 수 없습니다. 소소해 보이는 일상생활에서 행복을 찾도록 노력합시다.

Chapter 07
회사

회사 다니는 것이 할 수 있는 일의 전부라고 믿는 여자

우리는 언젠가부터 '일을 한다'와 '회사에 다닌다'를 동일한 개념으로 받아들이고 있습니다. 그래서 '무슨 일을 하세요?'라고 묻기도 하지만 '어느 회사에 다녀요?'라고 묻기도 합니다. 대답할 때도 어떠한 일을 하고 있다고 대답하기도 하지만, 어느 회사를 다닌다고 대답합니다.

사실 회사와 일은 동등한 개념이 아닙니다. '일'이 '회사'보다 더 포괄적인 개념이죠. 자영업을 할 수도 있고, 회사에 다니면서 투잡을 할 수도 있습니다. 무조건 평생 회사에 다녀야 하고, 회사에서 잘리면 갈 데가 없으므로 무조건 오래 다녀야 한다고 생각을 한정시키면 오히려 자신의 발전 기회를 놓칠 수 있습니다.

S.O.S

강서연 (30대 중반, 비서)

저는 비서로 벌써 10년째 일하고 있어요.
비서라면 별 일 아닌 것 같이 생각하지만
전공도 비서학으로 나름 자부심도 갖고 있어요.
그런데 요즘 걱정은 회사를 그만두면 무슨 일을 할까, 라는 것이에요.
더구나 다음 달에 결혼하는데 회사 분위기상 바로 그만두어야 할지
아기를 가지면 그만두어야 할지 걱정스럽기도 하고요.
그래서 그동안 취미로 해왔던 것들을 곰곰이 생각해봤어요.
다도를 5년 넘게 배웠는데 이쪽으로 나가볼까
아니면 전공을 살려 예절교실 선생님을 해볼까 등등.
하지만 회사를 그만두는 것이 불안합니다. 어떻게 하는 게 좋을까요?

우선 남자의 직업과 여자의 직업이 다르다는 것은 인정해야 합니다. 이 말은 직업에 있어서 남녀차별이 있다는 것이 아니라, 여자가 잘하고 많이 필요하고 여자를 위한 일이 있습니다. 아무리 교육 평등화가 되었다고 하더라도 어느 직업이든 남녀가 5대 5로 포진되어 있는 직업은 드뭅니다. 남자 비율이 많은 회사, 여자 비율이 많은 회사 모두 다르지요.

서연 씨처럼 비서는 90% 이상 여자가 하는 직업이라고 해도 무방합니다. 이외에 미용사, 네일아트, 간호사 등 여자가 할 수 있는 직업이 많이 있습니다. 점점 남녀 직업의 벽이 허물어지고 있기는 하지만 어느 정도 한계는 분명 있을 것입니다. 우리는 현재뿐만 아니라 미래를 내다보아야 합니다.

서연 씨의 경우 직업에 자부심도 있고 잘 해내왔습니다. 그렇다면 직업에 걸맞은 성격과 특성을 갖췄다고 볼 수 있습니다. 기본적인 성향이 다른 사람을 배려하고 스케줄을 챙기고 성실하고 남을 잘 도와줍니다. 이 성향을 잘 살리면 꼭 비서가 아니라도 할 수 있는 일이 많고, 꼭 그 회사에서 일하지 않아도 됩니다.

수학에 재능이 있다면 수학선생님이 될 수도 있고, 회계사가 될 수도 있으며, 증권회사 펀드 매니저가 될 수도 있습니다. 펀드 매니저가 자격증을

따서 회계사가 될 수도 있습니다. 평생 한 직업으로, 한 길만 걸어야 된다는 것은 고정관념입니다.

회사도 마찬가지입니다. 평생 회사만 다니는 것이 아니라 회사를 다니지 않더라도 내 일을 충분히 계속할 수 있다는 생각을 해야 합니다. 물론 수입의 차이는 생길 수 있습니다. 회사를 다니면 월급을 받지만, 프리랜서를 하면 수입이 일정치가 않지요.

그럼에도 불구하고 프리랜서라는 길을 택하는 이유는 무엇일까요? 스케줄을 자신이 컨트롤할 수 있고, 자기 일을 한다는 또 다른 자부심과 즐거움을 맛볼 수 있기 때문입니다. 많은 사람들이 회사가 아니라 자신의 일을 하면서 만족을 느낀다는 얘기를 들었습니다. 그래서 어떤 사람들은 작게라도 자기 사업을 하고 싶다고 말하는 경우도 있습니다.

서연 씨가 취미로 해왔던 다도나 예절교실 선생님은 퇴사 후, 충분히 고려해볼 만한 직업입니다. 또한 여자에게는 출산과 육아라는 중요한 역할이 있습니다. 만약 출산과 육아를 인생에서 최우선으로 둔다면 돈은 좀 적게 벌더라도 파트 타이머로 일을 하는 것도 좋은 방법입니다. 인생에서 무엇을 우선으로 둘 것인가에 대해 고민해보아야 합니다. 원하는 것을 모두 가질 수 없기 때문에 한 가지를 갖기 위해서는 반드시 다른 한 가지의 희생을 어느 정도는 감수해야 합니다.

반드시 회사에 다니는 것만이 일을 제대로 하는 것이라고 믿는 여자들이 있는데, 퇴사 후에 혹은 퇴직 후에 무엇을 할 것인지 고민하고 대비하는 것이 현명한 것입니다. 회사에 다니는 것이 할 수 있는 일의 전부가 아닙니다. 자신의 능력과 취향을 살릴 수 있는 일을 찾는다면 훨씬 더 선택의 범위가 넓어질 것입니다.

Chapter 07

비정규직은 굴욕적이라고 믿는 여자

현대사회에서는 한번 입사하면 평생 일하는 직장이라는 개념은 없어졌습니다. 개인의 입장에서도 회사를 바라보는 관점이 이렇게 바뀌었고, 기업의 입장에서도 직원을 바라보는 입장이 바뀌었습니다. 바로 비정규직이라는 제도인데요, 장기간 불황이 이어지면서 대기업에서도 정직원보다 비정규직을 뽑는 경우가 많아졌습니다.

언론에서는 비정규직이란 것이 고용에 대해서 불안정하고, 회사 측의 횡포인 것처럼 보도되어 부정적인 시각이 많습니다. 아마 지금 계약직 구직 공고를 보고 대기업의 계약직으로 갈까, 남들이 잘 모르는 작은 회사의 계약직으로 갈까 취업을 앞두고 고민하는 분도 계실 겁니다. 아니면 현재 계약직으로 있어 회사의 부당한 대우와 정직원에 대한 열등감으로 이직을 고민하고 계신가요? 그런데 이 문제가 비정규직이기 때문에 생기는 걸까요?

S.O.S

하남숙 (30대 초반, 계약직)

계약직으로 일한 지 1년이 되어
계약 갱신을 할 때가 되었는데 고민이 많아요.
계약직이 정직원보다 불안한 것은 물론이고,
알게 모르게 차별 대우가 있거든요.
정직원이 되면 정말 좋겠지만
회사에서는 예산을 운운하며 좀처럼 시켜주지 않는 모양이에요.
계약직으로 일하면서 굴욕감을 많이 느끼는데 당연한 걸까요?

요즘 연일 비정규직 문제가 뉴스에 오르내립니다. 대기업도 정직원보다 비정규직을 뽑고 있고, 우리가 아는 것보다 더 많은 분야에서 일하는 사람들이 계약직이라는 데 놀랍니다. 만약 내가 계약직이라면 이 사회적 문제가 보다 크게 느껴질 것입니다. 그런데 문제로만 집중해서 볼 것이 아니라 조금 넓은 시각으로 봤으면 합니다.

저 같은 경우 인터넷 관련 회사에서 아르바이트로 사회 첫발을 내딛었습니다. 그때는 비정규직이란 개념은 없었지만 경력이 전혀 없었던 터라 선택의 여지는 없었습니다. 그러나 그 후에는 인정받아 정직원이 되었고 퇴사 전에는 실장까지 했었습니다.

현재는 프리랜서로 일하고 있습니다. 지금은 정직원과 거리가 멀죠. 물론 저 같은 경우 '당신은 능력이 있잖아'라고 얘기할지 모릅니다. 그러나 저도 처음부터 능력 있는 사람은 아니었습니다. 앞에서도 말했지만 이 일을 아르바이트부터 시작했습니다. 그 외에도 계약직과 비정규직 일을 많이 했습니다.

==호주에서 가이드를 한 적이 있었는데 그때는 정직원도 아니고 계약직도 아닌 애매한 형태였습니다. 현재 고용상태보다는 자신이 어떤 일을 하는지==

가 더 중요합니다. 자신의 경력이나 꿈에 도움이 되는 일이라면 비정규직이라도 도전해볼 만합니다. 물론 비정규직이 더 좋다는 뜻은 아닙니다. 상황에 따라서 받아들여야 하는 경우도 있다는 얘기입니다. 지금 당장 정규직이냐 비정규직이냐 보다는 비전이 더 중요합니다. 지금 1~2년보다는 미래를 보며 일해야 합니다.

직장생활 중 이런 일도 있었습니다. 두 회사가 합병되면서 일부 정직원이 계약직이 되어버렸습니다. 회사 측에서는 1년 후에 정직원으로 전환시켜주겠다고 약속했습니다. 그 약속을 믿고 계속 회사에 다닌 사람도 있었고, 다른 회사로 옮긴 사람도 있었습니다. 1년 후에 어떻게 되었을까요? 회사에서는 약속대로 당시 계약직이 된 사람을 정직원으로 전환시켜주었습니다. 이렇듯 약속을 지키는 회사도 있습니다. 직원 단물만 쏙 빼먹는 악덕기업만 있는 것은 아닙니다.

한 회사에 오래 다녀서 경력이 쌓이다 보면 계약직이나 파견직 중에 누구를 정직원으로 발령 내야 하는가에 대해 고민하는 위치에 서게 될 때가 있습니다. 누구를 어떤 기준으로 올릴 것인가. 결정을 기다리는 입장도 어렵지만 결정하는 입장 역시 어렵습니다.

당시 계약직을 하는 친구가 두 명이었는데, 고민 끝에 그 중 한 명을 정직원으로 올리자 다른 한 명은 결국 회사를 그만두게 되었습니다. 퇴사한 친구에게 미안한 마음이 컸습니다. 그런데 몇 년 후에 그 사람이 공무원 시험에 합격했다는 소식을 듣고 기뻤습니다. 비록 정직원이 되지는 못했지만 결과적으로 더 좋은 일이 찾아온 것입니다.

==생각을 조금 더 유연하게 해보면 결혼한 여성의 경우 집안일을 해야 하기 때문에 근무시간이 짧고 시간이 자유로운 계약직이 더 좋은 조건일 수 있습니다. 남편이 가사일을 많이 도와주는 경우가 아니라면 계약직만의 장점이 있습니다. 비정규적인 자신의 처지가 굴욕적이라고 절망에 빠져있을 것이 아니라, 오히려 이 상황을 어떻게 나에게 도움이 될 수 있도록 만들까에 대해 고민해봅시다.==

일본에서 재미있는 연구결과가 있었습니다. 주부가 일을 하는 경우, 정규직보다 파트타이머로 일하는 것이 우울증에 걸릴 확률이 낮다고 합니다. 파트타이머로 일하면 작업의 종류와 시간이 달라지기 때문에 일이 오히려 삶의 활력을 준다고 합니다. 그런데 정직원의 경우는 회사와 집이라는 일정한 사이클을 반복하다 보니 우울증에 걸릴 확률이 높아지는 것이지요.

이처럼 정규직이 가지지 못한 파트타이머나 비정규직만의 장점이 있습니다. 우선 자신에게 일의 의미를 먼저 생각해보고 또 비전도 생각해보고 그런 후에 비정규직도 괜찮다고 판단되면 맡은 바 일을 충실히 해나가면 됩니다. 회사 입장에서도 필요에 따라 사람을 쓰는 것이므로 비정규직으로 쓴다고 무조건 악덕기업은 아닙니다. 물론 비정규직에 대한 처우의 문제는 개선되는 것이 맞지만, 지금 당장 내가 해결할 수 있는 것이 아니라면 도움이 되는 방향으로 활용하는 것이 가장 좋은 방법이 아닐까 싶습니다.

Chapter 07

차 심부름은 부당하다고 믿는 여자

예전에는 회사에서 여자가 차 심부름을 하는 것을 당연하다고 생각했지만, 요즘에는 차 심부름을 여자에게 시키는 것은 남녀평등에 어긋나는 일이라고 생각합니다. 몇 년 전에는 어느 학교 교장이 여선생님에게 차 심부름을 시켰고 그 사건(?)이 인터넷에 올라와 논란이 된 적이 있었습니다. 네티즌의 악플이 쏟아졌고, 교장은 결국 자살을 택했습니다. 차 심부름으로 벌어진 비극이라고 하기에는 참 어처구니없는 일이었습니다. 정말 여자에게 차 심부름을 시키는 것이 부당한 일일까요?

S.O.S

이정순 (20대 중반, 신입사원)

입사한 지 3개월 되었어요.
그런데 은근히 신경 쓰이는 일이 있어요.
가끔 부장님 거래처 손님이 와서 차를 내가야 하는데,
먼저 나서서 타는 것이 맞는지 아니면 부장님이 시키더라도
"저는 차 같은 거 타려고 입사한 거 아니에요" 라고 해야 하는지 헷갈려요.
남자 직원이 할 때가 있는데 마음이 좀 불편하거든요.
어떤 여자는 자기한테 차 심부름시키지 말라고 당당하게 말했다고 하는데
막상 그렇게는 못하겠거든요.
차 심부름을 나서서 하자니 자존심이 상하고,
가만히 있자니 눈치가 보이네요.

긴급처방

　회사는 일을 하는 곳이기도 하지만, 오전 9시부터 오후 6시까지 하루에 8시간, 많게는 10시간이 넘게 생활하는 공간입니다. 그렇다 보니 눈에 보이는 일뿐만 아니라 눈에 보이지 않는 일도 생기고, 뜻밖의 순간도 찾아오는데 이 가운데 인간관계도 이루어집니다. 회사에서 보내는 시간 동안 어떤 태도를 취하느냐에 따라 인간관계에 큰 영향을 미치는 것이지요.

　제가 처음 입사한 곳은 여직원이 많은 회사였습니다. 처음에는 몰랐는데 막내가 퇴근하기 전에 컵을 닦는 문화가 있었던 모양입니다. 그런데 꼭 막내를 시켜서 하는 것이 아니고 막내가 알아서 하는 것이었습니다. 아무것도 몰랐던 제가 그 일을 하지 않아, 기존에 해오던 사람이 계속 했는데 저는 그분이 컵을 닦는 담당쯤으로 생각했습니다.

　그 사람이 월차를 내면 그 윗사람이 컵을 닦았습니다. 그러던 어느 날 '○○씨는 막내인데 컵을 한 번도 안 닦더라'는 말을 듣게 되었습니다.

　그 말을 듣기 전까지 저한테 아무도 막내니까 컵을 닦으라고 한 적이 없었습니다. 저는 눈에 보이는 일 외에는 내가 할 필요가 없다고 생각했기 때문에 그 일이 내 일이라고 상상도 할 수 없었습니다. 그때 깨달은 것은 '내가 알아서 할 일이 있구나'라는 것이었습니다.

==그래서 다음부터는 먼저 컵을 닦고 공용 쓰레기통도 자주 비웠습니다. 내가 변하자 그 누구도 '그건 원래 네가 당연히 해야 하는 일이야'라고 하지 않았습니다. 혼자 하기 힘들지 않냐면서 말을 건네고 도와주었습니다. 당시 저는 사람들이 앞에서 하는 말과 뒤에서 하는 말이 완전히 다르다며 사회는 무서운 곳이라고 생각했습니다. 처음부터 네가 막내니까 이 일 좀 해, 라고 했으면 진작 했을 텐데 말도 없이 알아서 하지 않는다고 흉을 보다가, 또 나서서 하니까 친절하게 도와주는 그들이 이상하다고 생각했습니다.==

그런데 회사 생활을 하다 보니 이런 일이 비일비재했습니다. 그때 저는 출근 첫날 아버지의 충고가 생각났습니다.

"시간을 딱 맞춰서 나가면 어떻게 하니? 30분씩 일찍 가서 다른 직원들 책상도 닦아놓고 그래야지."

저는 그 말씀이 기우에서 나온 충고라고 생각했습니다. 아버지 말씀대로 회사에 일찍 출근했더니 자기 책상은 자기가 닦는 분위기였고 30분 일찍 오는 사람도 없었습니다. 그래서 회사는 회사 일만 하면 된다고 생각했습니다.

그런데 시간이 지나 생각해보니 아버지의 그 말씀은 단순히 책상을 닦으라는 의미가 아니라 눈치껏 해야 할 일을 하라는 의미였습니다. 책상을 닦는 문화는 아니었지만 퇴근 전에 컵을 막내가 닦는 문화가 있었던 것입니다. 저는 전혀 눈치 채지 못하고 내 일만 하면 된다고 생각했던 것입니다.

정순 씨에게 차 심부름을 시킨 것은 차별이라기보다 여자에게 적합한 일이기 때문에 시키는 것일 수 있습니다. 대부분의 회사에서 커다란 물병을 꽂는 정수기를 사용하는데 이 일을 여직원을 시키나요? 남자직원이 알아서 하거나 상사가 시키더라도 남자직원을 시킵니다.

요즘에는 기업문화가 많이 바뀌어서 남자 직원이 알아서 차를 타기도 하고, 제 손님이 왔는데 부하 직원이 남자인 경우 차 심부름을 시키기도 합니다. 조금 다른 시각에서 보면 차 심부름은 아래 직원이 하는데, 여자들이 아래 직원인 경우가 많아서 했을 수도 있습니다. 꼭 여자니까 차를 타야 한다면서 시킨다면 부당한 일이지만, 회사에서 일어나는 여러 가지 일 중에서 여자가 할 수 있는 일을 했다고 생각한다면 부당한 일만은 아닙니다.

매스컴에서 차 심부름은 여자가 하는 일이 아니라고 떠들지만, 아직도 차 심부름을 여자가 하는 곳이 많고 또 비서라면 아예 일 중에 상사의 차를 타는 일도 포함되어 있습니다. 차 심부름이 무조건 부당하다고 생각하기보다는 어떤 상황에서 차 심부름을 하게 되었가를 생각해봅시다.

상황이 부당하지만 건의할 만한 위치가 아니라면 마음을 좀 달리 먹어야 합니다. 차 한잔 타는 게 큰일도 아니니까요. 전체적으로 자신이 어떤 평가를 받는지가 중요합니다. 차 심부름을 한다고 해서 자신이 하대받고 있다거나 쓸모없다는 생각은 하지 않았으면 합니다.

Chapter 07

회사 평가에 목숨 거는 여자

    학교 다닐 때 매학기 시험 성적이 나왔듯이 회사에서도 분기마다 평가가 나옵니다. 평가에 따라 보너스를 받는 부서도 있고, 야근이라는 불호령이 떨어지는 부서도 있습니다. 평가는 좋을 때도 있고 나쁠 때도 있어서 평가가 좋을 때는 자신감이 수직상승하다가도 평가가 기대 이하일 경우에는 회사를 그만둬야 하는 것이 아닌지 심각하게 고민하게 됩니다.

    그래서 어떻게 하면 회사 평가를 잘 받을지 고민하게 되고, 평가를 상대적으로 잘 받기 위해서 다른 사람을 모함하게 되는 경우도 있습니다. 학교를 다닐 때는 졸업 후에도 성적이 여러 가지 영향을 미치지만 회사의 평가는 어떨까요? 어느 정도 선까지 신경 써야 할까요?

성은정 (20대 후반, 게임 운영)

저는 게임회사에서 게임 운영을 담당하고 있어요.
이번에 평가제도가 바뀌었다면서 동시접속자 수에 따라
인센티브를 받는다는 소식을 들었어요.
지금까지 회사 평가가 나빴던 적은 없는데
만약에 운이 나빠서 게임의 동시접속자 수가 떨어지면
나쁜 평가를 받을 테고 그렇다면 회사를 나가라는 것일까요?
어느 정도 공정한 평가를 한다는 것은 이해가 가지만
평가로 인해 인센티브가 오가는 것은 여간 스트레스가 있는 것이 아니에요.
평가를 좋게 받기 위해 수단과 방법을 가리지 않고
노력하는 것이 옳은 것일까요?

긴급처방

　학교 다닐 때는 매 학기 시험과 성적이, 회사를 다닐 때는 평가(인사고과)가 우리를 괴롭힙니다. 학교 성적이 진로와 취업에 영향을 주는 것처럼 인사고과도 차후 어떻게 해야 하는가에 영향을 줍니다. 평가가 좋으면 회사에서 인정받는 것 같아 승진을 꿈꾸지만, 열심히 했는데도 평가가 저조하면 회사를 그만두라는 뜻으로 해석되기 때문입니다. 사실 자체로만 놓고 봐도 평가가 나쁜 것은 좋은 일은 아닙니다.

　그래서 회사 평가에 어느 정도 연연해야 할지 걱정되는 것은 사실입니다. 특히 평가가 저조할 경우 어떻게 해석하는 것이 좋을지 말입니다.

　한 가지 짚고 넘어가야 할 것이 있습니다. 먼저 회사의 평가는 학교처럼 표준화된 시스템과 기준이 있는 것이 아닙니다. 각 회사별로도 다른 평가 시스템을 가지고 있죠. 즉, 같은 사람도 각 회사의 성향에 따라 다르게 평가받을 수 있다는 뜻입니다. 그리고 평가에 따라서 인센티브를 주는 회사는 평가가 더 민감합니다.

　회사를 다니는 한 평가에 민감할 수밖에 없는데요, 회사평가를 어떻게 받아들여야 할까요? 입사 전에 연봉협상을 할 것입니다. 공무원이나 공기업, 대기업처럼 어느 정도 정해진 연봉을 받는 회사가 있는가 하면, 개인마다 능력별로 연봉을 다르게 받는 회사도 있습니다. 저는 전자도 후자도 다 닌 적이 있는데요, 경험상 후자 쪽의 평가에 더 민감하게 됩니다.

==처음에는 누구나 회사가 연봉과 평가를 공정하게 하길 기대합니다. 하지만 사회생활을 하다 보면 현실이 그렇지 않다는 것을 깨닫게 됩니다. 연봉은 개인의 능력과 성과에 따라 좌우됩니다. 그런데 회사는 때에 따라 능력과 성과를 다르게 평가합니다.==

==만약 회사에서 경리 일이 급한데, 적당한 사람이 없던 차에 원하던 경리 능력을 가진 지원자가 있다면 연봉이 높아질 것입니다. 반대로 경리 자리가 하나 비었는데 지원자가 많다면 비슷한 능력을 가진 사람 가운데 가장 낮은 연봉을 부른 경리사원을 뽑으려고 할 것입니다. 이처럼 100% 능력과 성과에 따라 연봉이 책정된다고 보기는 어렵습니다.==

입사할 때부터 연봉은 공정하지 않습니다. 이것을 이해한다면 평가에 대해서도 이해하기 쉬울 것입니다. 회사에 따라 평가기준과 평가가 쓰이는 목적에 따라 평가는 달라질 것입니다.

전에 다니던 회사는 평가에 따라 인센티브가 책정되어 상사 입장에서 여간 골치 아픈 게 아니었습니다. 그럴 경우에는 상사의 인사 철학에 따라 달라집니다. 작은 것까지 비교해서 평가하는 상사가 있는가 하면, 장단점을 비교하여 평가하는 상사도 있을 것입니다. 물론 두 경우 모두 장단점이 있습니다. 하지만 평가를 받는 입장에서는 작은 차이도 크게 느낄 수 있고 큰 차이도 작게 느낄 수 있을 것입니다.

평가는 대부분 직속 상사가 합니다. 함께 일해본 적 없는 한 단계 위의 상사가 평가할 수는 없으니까요. 그래서 직속 상사와의 사이가 큰 영향을 미칠 수밖에 없습니다. 아무래도 평가란 객관적으로 한다고 하지만 주관적인 감정을 전혀 배재할 수 없기 때문입니다. 아마 이런 이유 때문에 실력보다 아부라는 말도 나오는 것이겠지요. 따라서 평가를 지나치게 민감하게 받아들일 필요는 없습니다.

그렇다고 해서 모든 평가가 아주 의미 없는 것은 아닙니다. 회사에서 최악의 평가가 내려오는 경우입니다. 이 경우는 대부분 회사에서 나가줬으면 하는 사인이 됩니다. 물론 요즘에는 노동법이 강화되어 회사에서 사람을 자르는 일은 쉽지 않습니다. 대신 어떻게든 개인이 나가게 만듭니다. 그래서 책상을 복도에 두거나 업무 전화를 연결해주지 않는 등 여러 가지 방법을 쓴다고 합니다.

개인에게 조용히 무언의 압력을 주는 것이 바로 최악의 평가를 내려주는 것인데요, 이럴 때는 다른 회사를 알아보는 것이 방법입니다. 물론 다시 노력해서 재평가를 받을 수도 있지만, 최악의 사인이 내려졌다면 그 전에 크고 작은 사인이 내려왔을 것이고 최종 통보일 가능성이 높기 때문입니다. 반대로 아직 최악의 평가가 떨어진 것이 아니라면 재기 가능성이 있다, 희망이 있다고 봐도 됩니다.

기타 회사 사장이 바뀌어 평가 기준이 달라지는 경우도 있고, 시스템이 바뀌어 평가 기준이 달라질 때도 있는데 그러한 경우는 아닌지 생각해볼 필요도 있습니다.

Chapter 07

뒷담화 때문에 곤란해지는 여자

    회사 생활을 하다 보면 상사, 동료, 부하 직원 때문에 스트레스를 많이 받게 됩니다. 그래서 짜증 나는 일을 마음 맞는 사람과 얘기하게 되는데요, 좋게 말하면 스트레스 해소이지만 나쁘게 얘기하면 뒷담화입니다. 뒷담화를 같이 하면 친해진다고 하죠? 직장에서도 마찬가지입니다.

    그런데 반대로 뒷담화가 상사의 귀에 들어가서 곤란한 경우도 보게 됩니다. 뒷담화를 안 할 수도 없고 한다면 언제 어디서 어디까지 해야 괜찮을까요?

S.O.S

한은지(30대 초반, 회계 담당)

최근에 곤란한 일이 있었어요.
메신저로 친한 동료와 타 부서 사람에 대한 욕을 주고받았는데
제 실수로 당사자에게 메시지가 간 거예요.
타 부서 사람은 자신의 팀장에게 얘기를 했고
그 팀장은 저의 팀장님에게 얘기를 했죠.
주의 부족으로 참 여러 사람을 곤란하게 만들었다는 사실을
뼈저리게 느꼈어요.
그렇다고 뒷담화를 안 할 수는 없고 어떻게 해야 되나요?

긴급처방

    회사를 다니면서 이런 일을 겪은 적이 있습니다. 그 회사는 사이트 내에 회사 동호회를 만들어 운영하고 있었습니다. 거기에는 익명 게시판이 있었는데 누군가 회사에 대한 불만을 심하게 털어놓은 글을 올려놓았죠. 사람들은 글을 올린 사람이 누군지 궁금해 했고 추측하기 시작했습니다.

    그러던 중에 어떤 직원 하나가 회사를 그만두었는데 그 사람이 바로 게시판 글쓴이라는 소문이 돌았습니다. 저는 익명 게시판인데 팀장들이 어떻게 알았을까 싶어서 물어봤습니다.

    "익명 게시판인데 그 사람이 글을 올렸는지 어떻게 아세요?"

    "다 아는 방법이 있어요."

    저도 당시 팀장이었는데, 팀장들 중에는 나이가 많은 분들도 계셔서 아는 수가 있나 보다라고 생각했습니다. 그래서 저는 이왕 회사를 그만둘 거면 조용히 그만두면 되지 왜 그런 글을 올리고 그만둘까 싶었습니다. 그래서 팀원들에게 익명 게시판이라고 해도 다들 뒷조사를 해서 알아내는 것 같으니 회사에 대한 불평불만은 쓰지 말라고 주의를 주었습니다.

    그 직원이 퇴사한 후, 시스템 문제로 익명 게시판 아이디가 공개되는 사건이 터졌습니다. 알고 보니 글쓴이는 전혀 엉뚱한 사람이었는데요, 퇴사한 사람이 지목되었을 당시 모두들 그런가 보다 했습니다. 그는 평소 회사에 대한 불평불만을 늘 입에 달고 다니는 사람이었거든요.

이 일을 보면서 회사에 대한 불평불만은 익명 게시판이라도 올리면 안 된다는 것과 주변 사람들이 자신을 어떻게 생각하고 있느냐가 매우 중요하다는 생각이 들었습니다. 평소에 회사에 대해서 불평불만을 얘기하는 이미지가 박혀버리면 유사한 일이 일어났을 때 먼저 지목되는 것이지요.

회사에 대한 불평불만뿐만 아니라 회사 사람들에 대한 뒷담화도 마찬가지입니다. 평소 뒷담화를 잘하는 사람이라는 이미지를 만들지 않는 것이 중요합니다. 또한 아무리 공감하는 사람이 많다고 하더라도 쉽게 뒷담화를 꺼내지 말아야 합니다. 내 입장을 잘 헤아려줄 수 있는 사람인지 파악하는 것도 중요합니다. 또한 뒷담화를 시작하면 그 사람이 한 말투, 행동 등을 자세하게 떠올리기 때문에 몰입되어 앞의 케이스처럼 그 사람에게 메신저나 메일을 보내는 경우도 있습니다.

한번은 거래처에서 메일이 왔는데 좀 언짢은 내용의 메일이었습니다. 그 메일을 상사에게 포워딩을 하면서 '이런 메일이 왔는데 기분이 좀 나쁘지만 어떻게 할까요?'라고 쓰려다가 전달 시에는 감정을 배제하는 것이 옳은 것 같아 '이런 메일이 왔는데 어떻게 할까요?'라고만 보냈습니다. 보내고 나서 보니 참조 발신 난에 거래처 사람 메일주소가 있었습니다. 제가 만약 메일에 감정을 표현했다면 거래처에 엄청난 실수를 하게 되었을 것입니다. 다행히 그 메일은 거래처 사람이 봐도 전혀 기분 나쁘지 않은 내용이 되었습니다.

뒷담화 때문에 곤란해지지 않으려면 기록으로 남기지 말아야 합니다. 메신저나 메일은 될 수 있으면 공적으로만 사용합니다. 그리고 감정을 전달할 때는 말로 하는 것이 좋습니다. 얼굴을 보면서 말하면 상대방의 반응을 볼 수 있기 때문에 표현 수위가 조절되고 그 자리에서 마무리가 됩니다.

회사에 대한 불평불만은 되도록 회사와 연관 없는 사람에게 하는 것이 좋습니다. 하지만 이 경우도 마찬가지로 그 상대에게 안 좋은 이미지를 심어줄 수 있기 때문에 나를 진심으로 이해해줄 친구에게 털어놓는 것이 가장 좋습니다.

입사한 지 얼마 안 되어 뒷담화를 하는 것은 매우 위험한 짓입니다. 아직 회사 분위기도 파악하지 못한 상태라면 섣부른 뒷담화는 앞으로 회사 생활에 나쁜 영향을 줄 것입니다. 최소 한 달 정도는 조심해야 합니다. 이렇게 하면 주변 사람들에게 일단 긍정적인 이미지를 심어주므로 그다음부터 약간 뒷담화를 해도 부정적인 사람으로 보이지 않을 것입니다.

뒷담화를 해도 뒷담화를 했다는 것이 믿겨지지 않는 사람이 있고 뒷담화를 하지 않아도 뒷담화를 한 것처럼 느껴지는 사람도 있습니다. 당신이 어느 쪽이 될 것인지는 당신의 선택에 달려 있다고 봅니다.

아부보다는 실력으로 인정받겠다는 여자

회사를 다니면서 누구나 인정받고 싶어 합니다. 일을 잘한다는 평가를 받기 위해 밤낮으로 노력하지만 헛수고를 하는 느낌이 듭니다. 매일 야근을 하거나, 상사가 시키는 대로 열심히 일한다고 해서 인정받는 것도 아닙니다.

문득 주위를 둘러보니 실력이나 능력보다는 윗사람에게 잘 보여 승진하는 사람도 보입니다. 그때마다 저런 비겁한 방법보다는 정정당당하게 인정받겠다고 생각합니다. 이런 생각이 잘못된 걸까요?

S.O.S

추성미 (30대 중반, 잡지사 에디터)

저는 잡지사에서 10년 가까이 일하고 있습니다.
마감일 때는 보통 밤을 샙니다.
평소에도 기획회의와 인터뷰를 하면서 야근을 많이 하고요.
하지만 제가 좋아하는 일이기 때문에 힘들지 않았어요.
그런데 이번에 차장 승진에서 다른 사람에게 밀렸어요.
아무리 생각해도 승진된 사람은 저보다 일을 많이 하는 편도 아니고,
편집장님 기분 맞추는 데만 열심이었거든요.
사회에서는 실력 있는 사람보다 아부하는 사람이 더 인정받나요?

회사원이라면 누구나 승진에 예민합니다. 그리고 윗사람이 나가면 자신이 승진할 것이라고 생각했는데 새로운 상가가 오는 경우 참 실망스럽습니다. 학교라면 성적대로 진급을 하겠지만 회사에서 승진 기준은 다양합니다. 그래서 인사부에서는 인사이동 시기가 오면 힘들다고 얘기합니다.

과연 승진은 어떤 기준으로 이루어질까요? 회사마다 기준이 다릅니다. 어떤 곳은 연차에 따라 승진하고, 어떤 곳은 능력을 인정받는 사람이 승진합니다. 정확한 객관적인 기준이 없는 것이지요. 실력을 무시한다는 것이 아니라 실력보다 다른 기준을 고려할 때가 많다는 것입니다.

간단하게 본인이 차장이고 과장 자리가 하나 비게 되었다고 합시다. 그런데 실력이 비슷한 두 사람이 있습니다. 이 두 사람 중 누구를 승진시켜야 할까요? 따로 숙제를 내주고 점수를 매겨야 할까요?

먼저 사람마다 기준이 있겠지만 부서의 분위기를 생각해볼 수 있을 것입니다. 어떤 상황에서는 냉정하고 카리스마 있는 과장이 필요하고, 또 다른 상황에서는 포용력 있고 따뜻한 과장이 필요합니다. 그다음에는 한동안 남자만 승진이 되었으니 이번에는 여자를 시켜봐야겠다고 생각할 수 있습니다. 이런 상황이라면 여자라서 승진을 못하는 것이 아니라 여자라서 승진하는 경우겠죠.

　사원이나 대리라면 일 자체만 두고 평가할 수도 있습니다. 맡은 일을 시간 안에 얼마나 정확하게 해내느냐가 중요한 평가 기준이니까요. 하지만 과장부터는 다를 수 있습니다. 회사에 따라 과장이 대리와 큰 차이가 없는 경우도 있지만, 대부분 관리일이 겸해지기 때문입니다. 즉 과장부터는 실제 일을 얼마나 잘하느냐보다 관리능력이 있느냐가 평가 기준이 될 수 있습니다.

　그렇다면 관리 능력은 어떤 기준으로 평가할까요? 팀워크와 인간관계, 리더십 등을 봅니다. 현재 업무 실력보다는 관리자로서의 가능성을 인정받아야 승진할 수 있습니다. 지금까지 본인이 받았던 평가와 다른 기준이 적용될 것입니다. 이러한 관점에서 본다면 이번에 승진이 되지 못했다고 해서 회사에서 완전히 인정받지 못하는 것은 아니라는 뜻입니다.

　또 다른 경우의 수를 생각해보면 아랫사람 둘이 실력이 비슷하다면 상사 입장에서 일시키기 편하거나 함께 일하기 편한 사람을 승진시켜야겠다고 생각할 수 있습니다. 이러한 기준 때문에 아랫사람이 윗사람에게 잘 보이려고 노력하는 것을 '아부 떤다'고 볼 수도 있습니다. '아부'는 비겁하기 때문이 아니라 회사라는 조직시스템과 윗사람의 힘을 잘 알고 있기 때문에 하는 것입니다.

그렇다면 아부로 승진하는 것이 오히려 실력으로 승진하는 것보다 더 빠르고 당연하다는 얘기냐고 반문하는 사람이 있을지도 모르겠습니다. 물론 아부보다는 실력으로 인정받는 것이 옳은 것입니다. 그런데 문제는 이 생각이 워커홀릭으로 만든다는 데에 있습니다. 아부로만 승진한다는 것도 기준이 애매하지만, 실력으로 승진한다는 것도 기준이 애매합니다.

우스갯소리지만, 구조조정 기간이 되면 매일 회사에 늦게까지 남아서 일하는 사람이 일순위로 잘렸다고 합니다. 그 이유를 묻자 혼자 회사 전기를 가장 많이 써서 재정 상태에 악영향을 끼쳤다는 답변이 돌아왔다고 합니다. 효율적으로 업무성과를 낼 수 있는 방법을 연구해봅시다. 업무성과 외에도 플러스 점수를 받으려면 무엇을 어떻게 해야 되는지도요.

사회생활에서는 여러 가지 필요한 요소가 있습니다. 실력도 필요하지만 우리가 '아부'라고 욕하는 것도 대인관계의 기술 일부로 인정받을 수도 있습니다. '실력보다 아부다'라는 생각도 분명 잘못되었지만, 실력만이 전부다, 라는 생각도 자신을 옭아맬 수 있음을 명심합시다.

Solution

당신은 이미
성공한 사람입니다

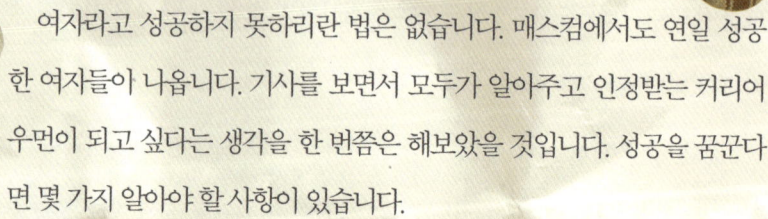

여자라고 성공하지 못하리란 법은 없습니다. 매스컴에서도 연일 성공한 여자들이 나옵니다. 기사를 보면서 모두가 알아주고 인정받는 커리어 우먼이 되고 싶다는 생각을 한 번쯤은 해보았을 것입니다. 성공을 꿈꾼다면 몇 가지 알아야 할 사항이 있습니다.

'일'과 '직업'은 다릅니다. 직업보다 일은 좀 더 포괄적인 개념으로 장기적입니다. 우리는 흔히 '무슨 일을 하세요?'라고 묻는데, 엄밀히 따지면 '직업'이란 현재 하고 있는 일이죠. 저는 대학 졸업 후, 공공도서관 사서로 있다가 카운슬러 등 몇 개의 직업을 거쳐 오늘날 작가가 되어 직업이 많이 바뀌었습니다. 하지만 '내 평생 해보고 싶었던 일'이라는 꾸준한 한줄기 공통점이 있었죠.

생김새가 모두 다르듯 타고난 성향과 성격이 다릅니다. 자신의 장점을 살릴 수 있는 일을 찾는 것이 중요합니다. 하지만 많은 사람들이 '돈 많이 버는 직업', '남이 부러워하는 직업'을 쫓습니다. 그런 마음으로 뛰어들어 성공하기도 어렵지만, 설사 성공했다고 하더라도 행복하지 않습니다.

성공하기 위해서, 꿈을 이루기 위해서는 자신의 재능과 장점을 파악하는 것이 가장 중요합니다. 그러나 문제는 예술이나 스포츠 분야의 천재가 아닌 이상, 20대에 '나의 천직은 바로 이거야!'라고 깨닫는 사람은 드물다는 것입니다. 천직을 단박에 찾으면 좋지만 그러지 못한다고 하더라도 조급하게 생각할 필요 없습니다. 직업은 바뀔 수 있으니까요. 대학을 졸업하면서 '평생직업'이란 걸 꿈꾸지만 세상이 변하고 상황도 변하면서 일도 변하게 됩니다.

예를 들면 어떤 사람이 서점을 운영하고 있습니다. 인터넷의 발달로 점점 책 판매율이 심각하게 떨어지고 있습니다. 몇 개월 내에 문을 닫아야 할 것 같습니다. 우물 안 개구리처럼 마냥 그렇게 있다면 정말 생각대로 될 것입니다.

'나는 망했네. 뭘 먹고 살지?'

하지만 서점을 책을 파는 곳에 단정 짓지 않고 '사람들에게 컨텐츠를 제공하는 가게'라고 생각했다면 책 외에도 CD, DVD 등을 판매할 수 있습니다. 또한 인터넷이 무엇이길래 이렇게 소비패턴이 바뀌는가에 대해 생각해본다면 책을 인터넷으로 판매할 수 있는 방법도 찾을 수 있고, 나아가서는 '인터넷 서점 주인'이 될 수도 있습니다.

상황에 따라 유연하게 변화해야 살아남을 수 있습니다. 또한 자신의 직업과 일을 합쳐서 또는 분리해서 생각할 수 있어야 합니다. 회사에서 잘렸다고 해서, 더 이상 일을 할 수 없는 상황에 놓였다고 해서 이것이 끝이라고 생각하지 말고 장기적으로 어떤 일을 할 것인지에 대해 고민해보아야 합니다.

또 하나! 성공에 집착하지 마세요. 성공한 여자들을 보면 마치 다른 세계에 사는 사람 같아 열등감이 많이 듭니다. 자신과 비교하면서 좌절감도 맛보게 되고요. 여러분, 궁극적으로 성공하려는 이유가 무엇인가요? 행복해지기 위해서 아닌가요? 그렇다면 '내가 원하는 성공이란 무엇인가?'에 대해 생각해보아야 합니다. 그 성공은 개인마다 다릅니다.

제가 생각하는 진짜 성공은 '자기가 좋아하는 일을 평생 하는 것'입니다. 연봉이 높은 전문직 사람들도 만족하지 못하면 불행합니다. 인생의 4분의 1을 노동하는 것에 불과하니까요. '연봉은 5000만 원 이상, 직급은 사장 이상'이라는 높은 기준을 세워놓고, 그 기준에 미치지 못하면 실패한 것이다, 라고 친다면 세상 99.9%의 여자들은 패배자가 되는 것입니다. 자신의 일을 즐겁게 하면서 돈을 벌고 있다면 그것이 바로 '성공한 여자'입니다. 남들이 부러워하는 직업, 연봉 등을 떠나 정말 자기가 미칠 수 있는 일을 하고 정당한 대가를 받고 있다면 그것이 바로 진정한 성공을 위한 첫 걸음입니다.

'직업'이란 현재 내가 하고 있는 일, '일'이란 내가 좋아하고 잘할 수 있

는 것. '직업'은 변할 수 있지만 '일'이란 어쩌면 일생을 관통해서 어떤 형태로든 이루어지고 있는 것입니다. 눈 앞의 '직업'보다 평생 내가 하고 싶은 '일'을 찾는 당신이 만들어가는 미래는 분명 눈부실 겁니다.

초판 1쇄 펴낸날 | 2012년 5월 15일

지은이 | 피오나
펴낸이 | 이금석
기획·편집 | 박수진
디자인 | 김현진
마케팅 | 곽순식, 김선곤
물류지원 | 현란
펴낸곳 | 도서출판 무한
등록일 | 1993년 4월 2일
등록번호 | 제3-468호
주소 | 서울 마포구 서교동 469-19
전화 | 02)322-6144
팩스 | 02)325-6143
홈페이지 | www.muhan-book.co.kr
e-mail | muhanbook7@naver.com

가격 12,500원
ISBN 978-89-5601-298-8 (13320)

잘못된 책은 교환해 드립니다.